내 불운은 어디서 오는 것일까

일러두기

1 이 책은 국립국어원의 한글 맞춤법과 외래어 표기법을 따랐습니다. 하지만 관용적으로 굳어진 일부 용어 및 인명 등은 예외를 두었습니다.

2 책 제목, 신문에는 《 》 기호를, 영화, 연극, 희곡, 오페라, 교향곡, TV 시리즈, 산문 등에는 〈 〉 기호를 사용했습니다.

3 《 》, 〈 〉를 제외하고 원어의 표기는 한자어, 영어 외의 언어에 이탤릭체로 표시했습니다.

4 이 책에 등장하는 참고도서의 인용문은 출처를 밝힌 책을 제외하고 모두 저자가 직접 번역한 것입니다.

5 본문의 굵은 글씨는 저자의 강조이며, 본문에 실린 삽화는 저자가 직접 그렸습니다.

내 불운은 어디서 오는 것일까

일상을 가로지르는 청년 철학자의 생각법

김현집

CRETA

추천사

역사를 통틀어 가장 진귀한 에피소드와 가르침을 한자리에 모은 책이 있다면? 그리고 그것을 토대로 우리 삶의 가장 중대한 주제들에 관해 스스로 생각하는 힘을 길러주고, 자기 자신이 바로 자신의 삶에 가장 지혜로운 나침반이 되도록 가이드하는 책이 있다면?

"이건 이렇고, 저건 저런 것이다"라고 답을 제시하며 고기를 잡아 우리 입에 직접 넣어주며 일시적인 해소를 해주는 가이드가 아니라, 고기 잡는 방법을 자연스럽게 보여주며 정신적인 독립으로 이끌어주는 가이드가 있다면?

그리스와 로마의 인문학과 고대 철학에서 부터 시작하여 20세기 철학까지 자세히 꿰뚫어 보고, 유럽과 한국문화를 세포까지 깊숙이 소화시켰다면? 그것을 바탕으로 현재를 살고 있는 우리에게 실질적으로 자신의 삶에 깊게 반영할 수 있는 지식을 준다면?

우리와 말이 통하지 않는 지구 반대편에 살고있는 백발 노인의 백인이 아니라 한국말을 구사하는 젊은 한국인이라면? 나는 김현집 작가를 '가이드'라고 칭하고 싶다. 특히 너무나도 많은 '지혜의 말' 속에서, 수없이 떠도는 확신에 찬 가르침이나 답변들 속에 잠시 위안을 얻었다 다시 절망에 빠지며 무기력해지는 현대인들, 혹은 그 어떤 '똑똑한 말'에도 아무런 도움을 받을 수 없었던 정말 똑똑한 현대인들에게 김현집 가이드/작가를 강력하게 추천한다.

김현집 작가의 글을 읽으며 아주 신기한 경험을 하게 될 것이다. 쉽게 누군가가 그저 나의 옆에서 이런저런 이야기를 술술 해주는 것 같았는데, 돌아서면 살면서 마주해야만 하는 가장 중요한 주제들에 관해 스스로 질문하고 답하고 여러 관점에서 살펴보며 자신만의 지혜를 차곡차곡 쌓으며 진리를 발견하는 자기 자신을 볼 것이며, 아주 특별하고 예리한 지성인으로 성장하고 있는 자신을 발견할 것이다.

– 한국 최초 빌보드 클래식 1위
피아니스트 임현정

이 책의 저자 김현집은 여러모로 특이한 저자입니다.

저는 그가 옥스퍼드대학교를 다닐 때 만났는데, 서울에 제가

운영하는 오페라 공부반에 와서 영어로 강의를 한 적이 있었습니다. 〈오텔로〉였던 걸로 기억합니다. 그는 클래식 음악뿐만 아니라 서양의 고전을 열심히 공부하고 있었어요. 라틴어와 고대 그리스어도 공부하고 있어 남다르게 생각했었습니다. 그후 스탠퍼드대학교에서 석·박사를 하면서 인문학자의 길로 나서고 있습니다.

그는 지난 3년 군무에 봉사하면서 많은 글을 발표했습니다. 김헌집은 그리스의 플라톤과, 영국의 시인 바이런, 대문호 괴테 같은 인문학자의 안목으로 오늘의 우리를 분석하고 있습니다.

제가 의과대학을 졸업하고 캐나다 대학병원에서 근무하면서 동료 의사들과 대화할 때 단테 같은 고전을 말하면 저를 다른 눈으로 봤습니다. 이 책을 읽으면서 호메로스의 《일리아스》와 《오디세이아》를 조금이라도 읽었다면 더 좋았을 거란 생각을 했지요.

고전이 왜 중요한지는 르네상스가 말해줍니다. 비잔틴제국이 멸망하면서 코시모 메디치는 콘스탄티노플에 있던 그리스 학자와 귀중한 고문서를 받아들이고, 아카데미를 설립하고, 미켈란젤로에게 도서관을 짓게 함으로써 르네상스 시대가 열린 것입니다. 인문이 부활한 것이지요.

이제 우리는 글로벌 시대에 살면서 유럽과 미국과 나란히

하며, 동시에 치열한 경쟁을 해야 합니다. 그들의 진정한 친구가 되고, 뛰어넘으려면 그들의 인문학을 알아야 하겠지요.

이 책을 읽으면 서양 사회를 이해하는 데 많은 도움이 되고, 무엇보다 멋진 지식인이 되는 데 도움이 될 것이라 믿습니다.

– 심장전문 의학박사, 《내 인생의 클래식》 저자
캐나다 앨버타대학교 명예교수 이종구

이 책은 르네상스적 문필가의 출현을 알리는 팡파르다. 지적이고 감각적이며 우아하다. 옥스퍼드와 스탠퍼드에서 고전학을 전공한 저자는 동서고금의 내로라하는 사상가와 문필가의 매혹적 단상들이 진열된 아케이드로 우리를 안내한다. 걸음이 빠르고 말이 짧지만 성찰이 깊다. 당신은 이 책에서 찬란한 쇼윈도는 물건을 사지 않는 사람에게도 기쁨을 준다는 사실을 깨닫게 될 것이다.

– 《생각의 시대》, 《소크라테스 스타일》 저자
철학자 김용규

프로레고메논*PROLEGOMENON*

"말은 정확하게만 하려면 시시해지고
의미를 두고만 말하려 하면 모호해진다."

내 불운은 어디서 오는 것일까? 내 행운은 또 누가 정하는 것일까? 내가 없어지고 남는 건 무엇일까?

이 난폭한 질문에 답하지 못하기 때문에 우리는 되묻는다.

어떻게 하면 보이지 않는 끝을 향해 지치지 않고 앞으로 나아갈까? 그렇다면 누가 만든 길을 따라야 하는 걸까?

인문학 책을 읽어야 하는 가장 큰 이유다.

그리스 로마 고전에 견줄 작품이 없다는 데에 공감하기까지 시간이 걸렸다. 몸에 유익한 약medicine 정도로 여겼다. 그 품격, 잘 가다듬어진 호흡, 타고난 담백함을 어떤 현대 소설, 에세이, 철학 책도 넘보지 못하는 걸 이제 알겠다. 프랑스 소설보다 그리스 시에 손이 먼저 갈 땐 뿌듯하다가도, 이 감수

성을 어디에 활용할지 다시 고민한다. 목적에 다다르니까 마비가 따른다고나 할까.

고민이 많았던 그리스 철학자 제논이 어느 날 델포이 신전을 찾아갔다. 그리고는 젊은이다운 질문을 던졌다.

"퓌티아의 사제여, 최고의 삶을 사는 방법이 무엇인가?"

사제가 답했다.

"죽은 자들의 안색을 취해라."

무슨 생뚱하고도 은밀한 말일까? 제논도 헷갈렸겠지만, 그 후 그를 연구하는 고전인문학자들에게도 난해한 말이었다.

'안색을 취해라.'

흔치않은 단어*synchrōtízoito*라 번역이 애매했다. 직역해 보자면 '죽은 자들과 꼭 붙어지내라'는 의미도 되겠고, 어쩌면 '죽은 자들과 성행위를 하라'는 의미로도 해석할 수 있겠다. 번역과 무관하게, 신탁의 뜻은 늘 예외 없이 모호하다.

제논이 최고의 삶을 궁금해했으니, 나도 가장 벅차도록 아쉽고 아름다웠던 기억을 떠올리며 '최고의 삶'의 수수께끼를 풀어보고 싶어졌다.

1.

죽은 자를 모범으로 삼으란 해석이 먼저 떠오른다.

영국 기숙사 학교에서 혼자 방을 썼을 때, 침대 왼쪽 벽을 존경하는 혹은 존경해야 할 것 같은 위인들의 초상화로 덮었었다. 수십 개 사진을 생선 비늘처럼 겹겹이 블루택 접착제로 붙였다. 그 얼굴들을 보며 잠들고, 일어나고, 때론 기도도 했다. 방이 작은 신전 같아서 마음이 편하기도 했지만, 깊고 푸른 하늘을 올려다 볼 때 그렇듯이 기분을 벅차게 했다. 사람은 분명 누군가를 흠모할 때 가장 많이 배우고 변한다. 변화하려면 모방하는 게 쉬운 길이다. 열세 살 쯤 사뮈엘 베케트(1906~1989)의 〈고도를 기다리며〉를 읽고 베케트에 몇 년 빠져 살기도 했다. 전기도 읽고, 작품도 읽고, 연극도 보고, 외우고, 물론 사진도 걸어놨다. 심지어 베케트는 1906년 4월에 태어났는데, 내가 1993년 4월에 태어났다는 사실도 무리하게 연관지으며 즐거워했다. 자연스럽게 베케트의 문체도 따라 했다. 실제로 베케트의 언어를 익히니 전에 보이지 않았던 사실들이 눈에 들어오기 시작했다.

2.

아무리 얄팍한 모방이라도 존경하는 사람이 있다면 흉내 내라고 추천하고 싶다. 베케트의 언어를 빌려 쓸때 나는 잠시나마 그의 눈높이에서 세상을 볼 수 있었다. 이거야말로 귀중하다. 어쩌면 내가 말하고 싶은 전부다!

3.

내가 소원했던 경험은 비트겐슈타인(1889~1951)이 어렸을 때 겪었던 '경험'이었다.

이 얘기도 비트겐슈타인 전기를 읽으며 찾았다. 비트겐슈타인이 열네 살 때 비엔나의 대저택에서 가족들과 살 때 얘기다. 어느 날 새벽 3시에 그는 피아노 소리에 잠에서 깼다. 누가 한밤에 연주하나 궁금해서 아래층으로 내려가 보니 형 한스가 작곡을 하고 있었다. 한스는 땀을 흘리며 악상에 몰두하며 동생이 옆에 다가온 것도 알아채지 못했다. 그 후로 비트겐슈타인은 '천재' 하면 그날 밤 형의 신들린 모습을 떠올렸다(음악 신동이었던 한스는 1902년 스물다섯 살에 미국에서 실종된다. 배에서 몸을 던져 자살한 걸로 추정된다). 그가 추구했던 타협 없는 순수한 열정의 얼굴이었다. 나 역시 그런 누군가의 열정을 머릿속까지 깊이 박아넣고 싶은 나머지, 영원히 잊지 않도록 불에 데이고 싶었다.

4.

죽은 자들처럼 차가워져라.

어쩌면 델포이의 사제는 제논에게 젊은 열기를 좀 식히라고 권했는지도 모른다.

어렸을 적 즐겨 듣던 음악을 떠올려 보면, 또 내가 그 음악에 왜 집착했나 생각해 보면(분명 집착이었다) 특히 기숙사 방에서 끝없이 큰 소리로 음악을 틀어 놓는걸 좋아했는데, 당시 하우스마스터housemaster가 음악선생이고 테너 성악가여서 내 횡포가 용납된 것 같기도 하다. 하루는 차이콥스키의 〈로미오와 줄리엣 서곡〉을 최고 음량으로 듣고 있는데, 그 유명한 절정의 대목에서 하우스마스터가 문을 박차고 들어와 오페라 가수처럼 노래를 따라 불렀다. 내가 놀라 머뭇거리자, 선생은 음악 소리 좀 줄이라고 말하곤 다시 나갔다. 나는 강렬한 개성, 나를 작게 만드는 헤아릴 수 없는 스케일, 한마디로 신경 자극제를 찾았다. 많은 젊은이들이 나와 다르지 않을 것이다. 조금 성숙해지면 구조와 형식의 묘미를 따지고, 균형을 음미하고, 덜 웅장하더라도 익살스럽고 톡톡, 뻔하지 않은 예술을 선호하게 되지만 말이다. 젊었을 때 수천 번 들었던 작품도 어느 날 견딜 수 없게 된다. 아이러니하게도, 이 사실을 델포이의 사제가 꿰뚫고 있었다고 본다.

5.

젊은이에게 필요한 건 보통의 냉정한 형식이다.

십 대의 난 시와 단편소설을 쓰며 내 개성을 세상에 밝히고 싶었다. 누구라도 쓸 수 있는 평범한 글은 내 성에 차지 않았다. 새로운 해석, 새로운 세계관으로 얼른 사람들을 놀라게 하고 싶었다. 예언자처럼 부연 설명 없이 명령하고 싶었다. 열아홉 살도 되기 전에 프랑스 시의 역사를 뒤바꿔 놓았던 랭보를 컴퓨터 배경화면에 깔아두었다. 안타깝게도 사람을 설득하려면 욕망과 비전으론 부족하다. 어느 정도 객관적인 형식을 갖추어야 한다. 트로이의 목마에 침입자를 매복시키듯이, 젊은이는 자신의 고유한 생각을 형식과 정통 안에 숨겨야 한다.

파격적인 세계관과 그에 걸맞는 형식을 둘 다 발견한 사람만이 돌풍을 일으킬 수 있다. 베케트의 절망하는 세계관을 담아내는 특유한 문체가 그렇다.

"They give birth astride of a grave, the light gleams an instant, then it's night once more."

그들은 무덤 양쪽에 다리를 걸치고 아이를 낳는다, 순간 빛이 번득인다, 그리곤 다시 밤이 찾아온다.

6.

간결하고 불길한 언어는 풍자하기 쉽다.

나도 쉽게 베케트가 되길 꿈꿀 수 있었다. 그리고 선생의 인정을 받을 수 있었다.

기원전 5세기 그리스에 소피스트들이 있었다. 소피스트들의 메세지는 충격적이었다. 상대적이고, 회의적이면서도 현실적인 그들은 "인간이 만물의 척도"라고 가르쳤고, "진실은 없다"고 열변했고, 웅변도 가르치고 돈과 권력도 넘보았다. 그들이 즐겨 쓰는 용어와 개념이 여럿 있었는데, 자연*phusis*

과 관습*nomos*, '그럴듯함*eikos*', 이중 논변*dissoi logoi*이 그렇다. 그중 키워드 몇 개만 기억해 두면 누구나 소피스트 행세 정도는 할 수 있었다. 그러다 보니 '지식인' 하면 '소피스트'로 오해했다. 그 오해의 피해자 중 한 명이 소크라테스다. 소크라테스도 나름 당대에 열풍을, 그것도 젊은이들 사이에서 일으켰다. 소크라테스는 소피스트보다도 더 파격적인 주장을 여럿 했었다. 자기만의 테크닉, 트레이드마크를 확실히 남겼다. 문답법, 산파술, 아이러니.

7.

하지만 누구나 소크라테스가 될 수는 없다.

소크라테스의 지혜, 그의 독특한 내면의 세계는 테크닉으로 얻는 게 아니다. 누구나 갑자기 소크라테스처럼 길 한가운데 서서 몇 시간씩 생각에 빠지거나, 죽음을 앞두고도 농담하며 태연하지는 못한다. 분명 소크라테스를 흉내 내는 젊은이들이 있었을 것이다. 하지만 '소크라테스'는 소크라테스가 제일 잘했고, 젊은이들은 소크라테스를 따라 할 수 없어 절망했을 것이다. 소피스트는 과외도 받고 훈련도 받으며 자신을 소피스트라 스스로 칭하고 글도 쓰고 강연도 할 수 있었지만, 소크라테스는 밤하늘에 번쩍이는 혜성 같은 단 한번의 기적이었다. 소크라테스의 그림자가 너무 짙었다. 소크라테스를 중심으로 유럽을 휩쓸 전통이 세워진 이유는 또 하나, 그 기반을 다져놓은 제자 플라톤 때문이었다. 플라톤이 없었다면 소크라테스는, 쇼팽처럼 되지 않았을까? 쇼팽 역시 누구나 한 구절만 들어도 알아챌 수 있는 독창성과 자신만의 구체적인 언어를 구축했지만, 전통을 만들진 못했다. 사뮈엘 베케트 역시 20세기 최고의 극작가치고는, 그가 한때 일으켰던 파도도 이제는 잔물결 정도로 가라앉았다.

8.

형식과 전통에 집착하는 사회에서 발전은 없다.

우선 진실에 대한 성찰이 없다. 외면의 형식에 온 힘을 기울이면 내면이 있었는지도 잊게 된다. 외면이 나빠서가 아니라 선택한 것의 문제다. 형식에 집착하는 사회에서 이익을 보는 사람은 거짓말하는 사람뿐이다. 형식만 적당히 취하면 주변에서 인정해 주는데, 그들에겐 기회다. 존경받을 기회다. 그가 예의를 갖추었는가, 그 모습 하나만을 보고 좋고 악한 사람을 분간하겠다는 건 무식하고 순진한 생각이다. 미간의 모양만 봐도 어떤 사람인지 판단이 서고, 그런 사람은 딱히 위험하지도 않다. 하지만 거짓말하는 사람에겐 예禮는 너무나도 유용한 도구다. 예의만 보이면 내 본연의 모습을 다른 이들이 알아서 가려주는데, 이보다 고마운 게 어디 있겠는가.

다시 제논으로 돌아가 보자. 신탁의 사제가 한 말은 결국,

9.

죽음을 가까이하여 죽음이 아닌 삶을 더욱 갈구하라는 게 아닐까?

죽을 고비를 넘긴 사람들이 삶을 더 간절하게 살듯이 말이다. 일부러 관에 들어가서 하룻밤 자보며 죽음을 체험해 보는 사람도 있다. 요즘 아침마다 세수하면서도 죽음을 생각하라고 권하는 학자도 있는데, 이건 그리스 로마에서도, 특히 르네상스 시대에서도 흔히 던져지던 화두이기도 했다. 하지만 지속 실천하기 어려운 조언 같다. 어떻게 새 아침을 보며 죽

음을 생각하고, 누가 어딘가에서 실제로 죽음을 앞두고 있는데 건강한 내가 죽음에 대한 생각을 '이용'해서 건강의 기쁨을 '중화'시킬까? 새 아침에 대한 모욕이다. 삶에 구조를 줬던 틀을 깰 때, 벌거벗은 내면의 모습과 그것을 감싸안았던 틀의 허물을 비로소 볼 수 있다. 뱀이 자기 허물을 빠져나간 다음 응시하듯이 말이다. 사제는 제논이 제논다운 개성을 찾길 원했을 수도 있다.

10.

지식, 지혜 모두 결국 삶을 실천하는 데에는 큰 도움이 안 된다.

지혜는 특히 설득의 힘이 부족한 걸로 잘 알려져 있다. 우리는 살면서 지혜로운 조언을 몇천 번씩 건성으로 들었을 것이고, 지혜로운 책도 수없이 읽었을 것이다. 지혜는 건강한 사람이 또 다른 건강한 사람을 위해 만든 공허한 말과도 같다. 몸이 아픈 사람이 멀리서 건강한 사람의 입장을 상상하듯이, 우리는 지혜를 저만치서 동경하지만 몸소 느끼지는 못한다. 문제는 지식과 지혜를 받아들이는 입장과 태도다. 철학자들은 자신이 말하는 지혜가 어떻게 받아들여질지 고민해야 한다. 쉽게 말로 설명할 수 없기 때문에, 한 시대가 저물며 사람도 성향도 바뀌기 때문에, 철학자들은 고성古城을 공략하듯이 인간을 여러 방면에서 접근해 보아야 할 것이다. 말로 생기를 되찾게 하는 자들은 따로 있다. 시인이다.

11.

인문학자는 결국 정원사다.

새로 나무를 심기도 하지만, 정원사 일의 대부분은 살아 있는 것을 계속 가꾸는 것이다. 정원을 가꾸려 하는 한 일은 끝이 없고, 사실 그 끝은 생명이 다할 때, 모든 식물은 시들기 때문에, 결국 그날은 오고 만다. 답도, 의미도 없다고 납득하고도 계속 노력하는 게 인문학자의 미덕이다. 전쟁에 나가는 용기다. 무의미와 맞서는 용기다. 사람들은 인문학자가 죽음의 수수께끼를 풀어줄 명답을 찾을 것이라고 기대하고 오해한다. 인문학자는 답을 찾지 못할 것이기에 용기 있다 할 만하다. 하지만 어떻게 명예롭게 패배할지는 고민해야 한다.

인문학을 읽는 사람은 그 안에서 지혜를 찾고, 지금의 어두운 마음이 움직이길 기다리며 책을 읽는다. 지혜를 찾는 게 아니라(지혜는 이미 여러 번 지나쳤는지도 모른다) 지혜로 마음을 돌리고 싶어한다. 만화경을 돌리고 돌리다가 마음에 드는 문양을 찾길 기다리듯이 말이다.

이쯤에서 나는 불만에 찬 독자를 상상한다. 신탁의 뜻이 어떻다고 확답할 방법은 없어 보이는데, 왜 말을 이리 돌리고 저리 돌리며 시간을 떼우는지 불평할지도 모른다(사제 본인도 별 의미 없이 던진 말이었을지도). 이건 사람들이 흔히 인문학을 고발하며 하는 말이기도 하다. 수학같이 정확한 답과 그 답에 다다르는 명료한 과정과 증명을 기대한다면, 그 아쉬운 마음 이해할 만하다.

인문학 연구에선 답이 있는지도, 답이 무엇인지 판단할 기준이 무엇인지도, 하나라도 합의되거나 탄탄하게 확립된 것이 없다. 그런데도 인문학 공부를 헤매가며 계속 해나간다는 건 낭비같이 보일 수 있다. 인문학에서 명쾌한 답만큼 감동스러운 답이 없다. 삶, 죽음, 아름다움, 사랑에 대한 확실한 답(그럴 수만 있다면)은 우리를 흥분시키고, 우리에게 안도를 주고, 상상만 해도 설렌다. 답이 없다고 단정하는 말조차 명쾌하기에 우리를 자극한다. 간절하게 답을 갈구하는 우리의 마음은 쉽게 공략된다. 거짓인데도 말이다. 이 기회를 낚아채는 사람들이 있다. 언젠가 거짓말하는 사람의 심리에 대해서도 글을 쓰고 싶다. 나는 정직한 사람을 좋아한다. 정직한 사람도 거짓된 말은 한다. 해야 한다. 하지만 거짓을 숨기려 애쓰지 않는다. 철학을 읽을 때 필요한 교훈이다. 너무 곧은 길은 피해야 한다.

결국 제논의 질문은 올바른 게 아니였다. 이미 '최고의 삶'을 경험했기에, 사제에게 이렇게 물었어야 했다.

"'최고의 삶'을 내가 경험했다면, 그럼 이제 어찌해야 합니까?"

신탁의 해석에 대한 답은 정해져 있었다.

젊은 제논은 '신탁의 의미를 이해하고는 돌아가 고전을 읽기 시작했다'고 한다. 이제 수수께끼가 풀린 것이다. 답을 들었으니 그럼 이제 어쩔 것인가?

어렵게 첫 책의 출판을 결정했다. 2018년부터 서울신문에 5년 가까이 연재된 칼럼을 모았지만 신문에 실릴 때 분량의 제한 때문에 미처 다하지 못했던 내용을 보강, 보완했다.

가볍게 읽히는 철학, 인문서를 내고 싶진 않았다. 그러기엔 삶이 너무 무거운 탓이다. 하지만 어렵고 무거운 책을 내고 싶지도 않았다. 읽히지 않기 때문이다. 읽히지 않는 책은 출간의 의미가 없다.

난 이 책을 나에게 영감을 주고 내 책을 세상에 내도록 부추긴 니체에게 감히 바치고 싶다.

어려서부터 영감을 준 인물들이 무척 많았다. 지휘자 카라얀을 비롯, 피아니스트 글렌 굴드, 스피노자, 시몬 베유… 언젠가는 내 칼럼에 언급된 인물들을 모아 또 다른 한 권의 책을 내고 싶다.

나의 가장 친한 대학 친구는 IT 기업에서 일하고 있다. 수학을 전공한 영국 친구인데, 미국에 있는 나를 찾아와 실리콘 밸리가 있는 팰로앨토를 산책하며 '자기 같은 친구'에게 들려줄 인문 철학 책을 써 달라며 내게 요청하곤 했다. 그의 독촉이 이 책을 내는 데 힘이 되었다.

빼놓을 수 없는 친구들이 또 있다. 3년 꼬박 공군사관학교에서 생도들에게 인문철학을 강의하면서 나 스스로 철학을 더 배우고 익히도록 독려해 준 학생들이다. 내게 자극을 준 사관 생도들에게 고마운 마음을 전하고 싶다. 그들과 함께한 시간을 잊지 못할 거다.

지혜가 남다르셨던 돌아가신 할머니와 특별한 눈으로 나를 아껴주셨던 역시 돌아가신 옥수동 수학 선생님께 나의 첫 책을 바친다.

김현집

목차

I

위로 없는 마음

'마른 땅에 떨어지는 물고기가 물의 가치를 안다.'

– 페르시아 속담

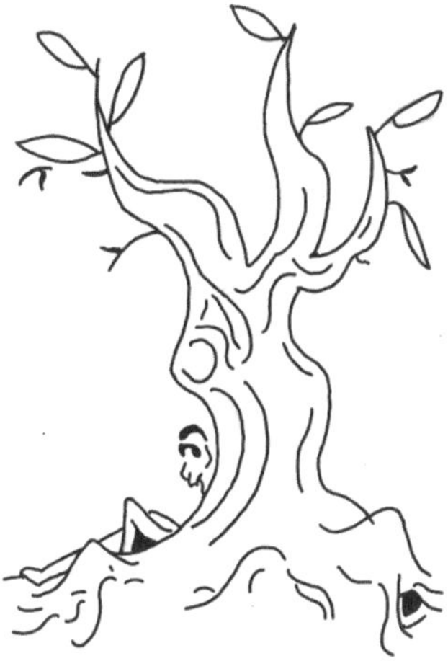

I. 위로 없는 마음

누구도 나를 이해하지 못한다

2019넌 스탠퍼드대학교에서 자살한 학생들이 네 명이다. 캘리포니아의 태양과 정문까지 길게 늘어선 아름다운 야자수도 위안이 안 된 모양이다. 우울할 땐 밝은 태양도 견딜 수 없다.

대한민국 청소년의 사망 원인 1위는 자살이다. 사람은 사회적 동물이다. 하지만 같이 어울린다고 꼭 가까워지지는 않는다. 대화한다지만, 혹시 오해가 생길지 몰라 조바심치는 게 대화다. 말을 잘못 뱉으면 곧 거만한 인간, 편협한 녀석, 또는 모자란 놈으로 찍힌다. 한번 굳어진 구획은 무너뜨리기 어렵다. 사회는 구획으로 이루어져 있다.

소설 속 인물들을 보면 오해를 되풀이한다. 말은 주고받지만 서로의 내면은 꿰뚫지 못한다. 그래서 다투고, 멀어진다. 어쩌다가 때와 운이 맞아 오해가 풀릴지 모른다. 여기까지는 희극이다. 아니면 사랑하는 사이라 할 지라도 끝까지 엇비껴 나가기도 한다. 그렇다면 이건 비극이다. 현실이라고 다르지 않다.

누구도 남의 본모습을 알지 못한다. 진정한 마음은 각각 유리되어 있다. 대학을 졸업하고 남이 다 알아주는 글로벌 기업에 취직한 내 친구 카메란도 외로워한다. 뉴욕에 살면서도 외롭다 한다.

외로움을 두려워하는 사람은, 세상의 태풍 같은 소음 속에서 자기 목소리를 잃으니, 자기 자신이 하찮아 보이고, 영원한 침묵을 선택한다.

러시아 영화감독 안드레이 타르콥스키(1932~1986)는 "외로움을 감싸 안으라" 했다. 한 인터뷰 영상에서 그는 숲속의 목신 '판Pan'처럼 나무에 드러누워서 얘기한다. 인간, 특히 젊은이의 문제는 고독을 견디지 못하는 것에 있다고. 가장 바람직한 것은 자기 자신과 시간을 보낼 줄 아는 것이라고 한다. 어렸을 때처럼 혼자 있어도 지루해하지 않고 즐길 줄 알아야 한다는 것이다.

또한 오스카 와일드(1854~1900)는 자기 자신을 사랑하는 것이야말로 한평생 이어질 사랑의 시작이라고 했다. 와일드답다.

외로움도 배우고 훈련해야 한다. 《젊은 시인에게 보내는 편지Briefe an einen jungen Dichter》에서 시인 릴케(1875~1926)는 조언한다.

"다른 사람들과 나눌 것이 없다면, 사물을 가까이하길 바랍니다. 사물은 당신을 버리지 않을 것입니다. 밤은 여전히 함께합니다, 나무 사이로, 여러 땅을 거쳐 부는 바람도."

인간 아닌 사물이 당신을 버리지 않는다는 말에 몹시 공감한다. 보통의 우리는 마음과 정신을 인간관계에 연연하는 데 다 써버린다. 문학이 되었든, 음악이 되었든, 자연이 되었든 다른 '사물'에 써보는 것은 어떨까.

좋은 도시에 산다는 것은 산책할 곳이 많다는 것을 의미한다. 나는 혼자서든 여럿이든 산책하는 걸 좋아한다. 리포트나 에세이 등 뭔가 써야 한다면 대부분 혼자 걸을 때 써진다. 외로우면 걸어라.

가끔은 인터넷을 끄고 컴퓨터를 사용하는 것도 좋아한다. 인터넷이 켜진 컴퓨터는 시끄럽다. 마치 문을 열면 큰 무리의 사람들이 몰려와 내 몸을 번쩍 들고 어딘지 모를 곳에

던져놓을 것 같다. 인터넷으로부터 고립된 컴퓨터는 비로소 나의 것이 된다. 단순한 타자기도 되고, 도서관도 된다.

바깥 세상의 목소리들은 멀어진다.

2019.6.28.

너무 슬퍼 입에 문 풀을 떨어뜨렸다

카핀잘라는 친구의 죽음 앞에서 멈춰 섰다. 그의 울부짖는 소리가 나무 사이로 울렸다. 그 소리에 산속의 바위가 갈라지고 카핀잘라의 목숨도 찢어졌다. 오! 푼다리카! 숲속의 사슴들은 아직도 이날을 기억하면 입에 문 풀을 떨어뜨린다.

7세기 인도 작가 바납하타의 소설 《카담바리Kādambari》 속 한 장면이다. 이 작품은 산스크리트어로 쓰였다. 나는 푼다리카의 죽음을 읽고 산스크리트어를 공부하기로 했다. 그리고는 그날 이후, 누군가 시詩를 말하면 '입에서 풀을 떨어뜨리는 사슴들의 모습'을 먼저 떠올린다.

산스크리트어는 아름다운 언어다. 아름답기 위해 만들어진 언어다. 어원인 '삼스크르타संस्कृत, *saṃskṛta*'는 '잘 정돈된, 완벽한, 고귀한'이란 뜻이 있다. 인도의 최상위 계급인 브라만 계급의 언어라 해서 한자로 음역해 산스크리트어를 범어梵語라고 한다.

I. 위로 없는 마음

18세기 영국에 산스크리트어를 본격적으로 소개한 윌리엄 존스(1746~1794)도 말했다.

"산스크리트어는 고대 그리스어보다 완벽하고, 라틴어보다 풍부하며, 이 둘 모두 보다 정묘하고 세련됐다."

많은 언어가 그렇듯이 산스크리트어 또한 약 1000년 동안은 혼잡하고 변덕스러운 언어였다. 그러다 기원전 5세기에 문법학자 파니니पाणिनि, *Pāṇini*가 나타나 이 난해한 언어를 정리했다. 그가 3981개의 규칙으로 고안한 문법체계는 과학적이고 아름다웠다. 이제 더 이상 바뀔 필요가 없게 되었다. 파니니는 산스크리트어를 '얼려버린' 것이다. 2000년이 넘는 시간 전의 얘기다. 고대에 쓰인 산스크리트어를 읽을 수 있는 사람은 중세의 산스크리트어도 현대의 산스크리트어도 읽을 수 있게 되었다.

수학같이 똑 떨어지는 언어이며 한순간 정신이 혼미해지는 향 같은 언어가 산스크리트어다.

또한 산스크리트어는 인도로 들어가는 문이다. 또 다른 세계로 빠져나가고 싶을 때, 나를 성장시킬 수 있는 새로운 공기와 땅이 필요할 때, 언어를 배우는 것만큼 저렴하고 실용적인 방법이 없다. 새로이 외국어를 배우겠다는 사람이 있다면 그건 더 이상 갇혀 있지 않겠다는 의도가 있다고 보면 된다. 외국어 공부는 역설적이게도 내 나라말 공부이기도 하다.

에즈라 파운드(1885~1972)는 말했다.

"외국어를 번역하는 과정에서 우리는 우리말로 무엇을 할 수 있는 지를 먼저 배운다."

라틴어 문학은 그리스어 문학을 번역하며 시작됐다. 로마 시인 루크레티우스는 그리스 철학을 라틴어 시에 옮겨 담으며 라틴어의 '빈곤함(조국어의 빈곤함)*patrii sermonis egestas*'을 고치겠다고 맘먹는다.

우리는 남의 언어를 탐구하며 우리 언어의 한계를 깨닫고, 우리 언어만의 음악과 과학을 찾는다. 국어시간이 번역시간이라면 어떨까? 니체도 《우리 교육기관의 미래에 대하여 Über die Zukunft unserer Bildungs-Anstalten》라는 책에서 비슷한 아이디어를 냈다. 독일의 어린아이들이 라틴어와 고대 그리스어를 공부하는 것은 그것을 독일어로 번역하는 데 목적이 있어야 한다는 것이다.

친구를 잃은 카핀잘라의 고통이 산속을 휘돌며 사슴들의 기억에만 남아 있는 것이 아니었다. 입에서 풀을 떨어뜨리는 사슴은 바로 나다.

2021.7.30.

인성은 사람에서 사람으로 전해질 수 있는가

고대 아테네의 장군이자 정치가였던 테미스토클레스, 아리스테이데스, 페리클레스도 사랑하는 아들 생각을 하면 잠을 이루지 못했다. 최고의 스승을 모셔다 가르칠 수 있는 것은 다 가르쳤다지만 정작 중요한 건 가르치지 못했다.

테미스토클레스의 아들은 말 등 위에 두 발로 서서 창을 던질 줄도 알았다. 호메로스의 대서사시 《일리아스》도 완벽하게 외웠을 것이다. 그러나 그뿐이다. 아버지의 명성과 달리 그의 아들들은 이름 외에는 알려진 게 거의 없다.

소크라테스는 '선생'으로서 심각하게 고민했다. 좋은 인성은 사람에서 사람으로 물려줄 수 있는 것인가? 소크라테스는 묻는다.

'길 잃은 소처럼 뿔뿔이 흩어져 덕을 찾아야 하는가?'

교육의 한계를 고민하는 것이다.

강의를 준비하면서 나 역시 교육을 고민한다. 시몬 베유(1909~1943)를 읽으며 '가르친다는 것의 문제'를 찾았다. 프랑스의 작가이자 철학자인 시몬 베유는 프랑스 최고 명문인 고등사범학교에서 공부했지만, 우리가 아는 '공부' 대부분은 소용이 없다고 했다. 사람들이 공부를 잘못 이해하는 까닭이다. 베유는 진정한 공부는 '관심'을 기울일 줄 아는 데서부터 시작한다고 봤다. 여기서 '관심'은 프랑스어 '아땅시옹*attention*'을 말한다. 이 단어 어원인 라틴어 '아텐데레*attendere*'는 '~을/를 향해'를 뜻하는 'ad'와 '쭉 뻗다'를 뜻하는 'tendere'의 합성어다. 관심이란 대상을 향해 쭉 뻗어 나가는 것이다. 베유 말로는 관심을 기울일 줄 아는 사람이 '된' 사람이다.

관심을 가지기 때문에 이웃을 돕는 게 아니다. 관심을 기울이는 것 자체가 사랑이다. 불행에 빠진 사람은 자신을 의심 없이 편견 없이 받아들여 줄 누군가가 필요하다. 돈도 아니고 도움도 아니고 관심이 필요한 것이다. 하지만 남에게 순수하게 관심을 주기는 어렵다. 관심을 키우는 방법 중 하나가 '공부'다.

베유는 이마를 찡그리고 생각을 모으는 것은 관심이 아니라고 얘기한다. 그건 '집중'이다. 근육을 수축하는 것이다. 집중은 몸으로 힘쓰고 고통스러운 일을 견디는 데는 좋다. 시험공부를 하는 데 좋을 것이다. 관심과는 무관하다.

관심은 기쁨에 차 있고, 달콤하고, 받아들이는 것이다. 관심을 가지고 공부하면 몸이 피곤하지도 않다. 관심은 애쓰는 게 아니라 자연스럽게 이끌리는 것이다. 공부는 억지 없이 기쁘게 해야 한다.

어려운 훈련이다.

공부해서 관심의 힘을 키우고, 남에게 관심을 기울이는 사람은 곧 좋은 인성을 가진 사람이다. 개인적으로, 인간이 좋은 스승을 만나는 것 이상의 '운'은 없다고 본다. 스승은 학교의 스승뿐만 아니고 가까운 친구일 수도 있고, 좋은 작품이거나 사상일 수도 있다. 난 그런 의미에서 운이 좋은 편이다. 이제껏 좋은 스승을 만났고 또한 아직도 찾고 있으니 말이다.

학생들에게 '공부를 기쁜 마음으로 하세요'라고 주문할 수는 없다. 대신 시몬 베유 얘기를 들려준다. 그러면서 베유도 다시 읽어본다. 내가 좋아했던 스승들을 떠올려 보면 '강의가 좋았다'기보다 대신 '이런 삶도 가능하다'라고 보여주신 분들이었다. 현장에서 보이는 게 최고의 교육이다.

비트겐슈타인이 말했다. "눈이 아름다운 것을 보면, 손은 그것을 따라 그리고 싶어한다"고.

인성은 관심의 힘을 키우며 기를 수 있다고 믿는다. 그런 이유로 공부한다. 하지만 더 좋은 것은 가까이에 좋은 사람을 두는 것이다. 베유의 책을 100번 읽는 것보다, 때로는 10분의 만남이 더 마음을 흔들 것이기 때문이다. 베유는 곁에 없지만 '관심'에 대한 공부로 아쉬움을 놓는다.

2021.11.22.

편지

새 학기를 준비하며 학교 일이 좀 밀려 있어 답이 늦어졌습니다. 어려운 질문을 주셨습니다.

철학개론 수업은 연대별로 철학자들을 소개하는 식으로 진행했습니다. 사실 부끄럽고 불만족스럽습니다. 생도들은 제 강의가 딱딱하지 않아서 좋아합니다. 토론도 자주 시키고 좋아하는 클래식 음악, 책, 영화 얘기도 해줍니다. 인문학과 철학을 즐기는 모습을 보여주려 노력하지만, '철학하는 법'은 못 가르친 것 같습니다. 철학의 종류도 여러 가지겠지만, 저에게 '철학'은? '깊다'는 것은? 어떤 태도의 문제인 것 같습니다. 서양철학사의 흐름을 아는 것도 중요하고 논리의 기술을 익히는 것도 유익할 것이지만, 철학자답게 고민하고, 사고하는 데에는 큰 도움이 되는지 모르겠습니다.

시몬 베유나 비트겐슈타인은 어떻게 가르쳤을까 시간 여행을 해서 직접 보고 싶습니다. 다음 학기 철학개론은 조금 다르게 운영해 볼 생각입니다. 주제별로, 그리고 과학과 철학이 만나는 연결점과 연관지어 강의할까 합니다.

'지금이 참 철학하기 좋은 시대'라는 것을 보여주고 싶습니다. '비과학적인' 얘기같이 들릴 수 있는 철학이, 생도들에게 더 쉽게 가닿지 않을까 해서입니다.

예를 들어 수철학에서 수학의 기반을 확립하려 했던 얘기, 힐베르트, 괴델, 튜링 얘기도 함께 하려 합니다. 요즘엔 저도 수학과 컴퓨터 공학에 관심이 많이 갑니다. 스탠퍼드와 실리콘밸리 생활 때문에 그런지도 모르겠습니다. 선생님께서 인공지능(AI)을 연구하셨다니 정말 흥미롭습니다.

교양인문학 수업은 겨울방학이 끝나고 처음 시작합니다. 제가 전공한 그리스 로마의 문화, 역사, 문학을 생도들에게 보여주고 싶습니다.

이 강의의 큰 축은 '압축'과 '경쟁'이라고 소개할 계획입니다. 나름 멋부려 봤습니다! 서양문명의 흩어져 있는 여러 요소들을 단숨에 '압축'하는 좋은 방법 중 하나가 그리스 로마 공부인 것 같습니다. 헤로도토스로 동양과 서양의 개념을 이해하고, 베르길리우스를 통해 '국가시인'을 이해하는 겁니다.

'경쟁'이라는 키워드는 제가 피렌체의 박물관에서 건축

가 브루넬레스키의 편지를 보고 인상 깊어 생각이 났습니다. 브루넬레스키가 친구에게 '우리는 그리스인들보다도 아름다운 건축을 만들어야 한다'고 당부하는 대목이 머릿속에 오래 남았습니다.

이상에 가까운 경쟁자가 늘 있다는 건 큰 축복입니다. 생도들도 그리스 로마의 영웅과 같은 인물과 그들의 업적을 보고 평생 '나만의 경쟁자'가 생겼으면 합니다.

선생님의 편지를 읽고 한동안 잊고 있었던, 제가 보고 싶은 제 본모습을 되찾는 기분이었습니다. 어떻게 감사드릴지 모르겠습니다. 요즘은 니체를 많이 읽고 있는데 신념(이랄까 니체식 신앙)을 지키고 싶습니다. 늘 건강하시고 행복하시길 바랍니다.

2022.3.1.

Ⅱ

아직도 운명을 들먹일 것인가

나폴레옹이 독일 문호 괴테에게 말했다.
'아직도 운명을 들먹일 것인가?
그리스인들의 비극을 읽어보아라.
그들은 운명을 두려워했다.
우리는 아니다.
우리에게 운명은 이제, 정치다.'

내 불운은 어디서 오는 것일까

머리에 새똥을 맞는다든가, 버스를 놓친다든가, 이럴 때 우리는 흔히 재수가 없다고 생각한다. 그러다 거기서 고통이 더 커지면 뭔가 불공평하다는 생각이 슬그머니 든다. 내 마음속을 한번 들여다보자. 저기 깊고 어두운 어딘가에, 과거 언젠가 저지른 실수 또는 죄가 작은 진주처럼 반짝이고 있다. 무서운 일이다.

내가 아는 인도 친구는 이런 것이 바로 '카르마'라 했다. 어느 날 창문 밖을 가리키며 내게 말했다. 일상생활 속 시시한 일도 유심히 관찰하면 카르마로 엮여 있는 게 보인다고.

내가 물었다.

"전쟁 중에 희생된 무고한 사람들도 자신들의 죄 때문에 벌 받은 걸까?"

그가 대답했다.

"아니. 불운은 본인이 자초하기도 하지만, 가까운 사람 사이에 감기 옮기듯이 번지기도 해."

고대 그리스 비극의 줄거리들을 보면 온통 불운투성이다.

미케네의 왕 아트레우스는 조카들을 죽이고 베어낸 살을 그들의 아버지에게 저녁 식사로 대접했다. 아트레우스의 장남 아가멤논은 트로이 전쟁에서 귀환하는 기쁨도 잠깐, 아내와 그녀의 애인에게 욕조 안에서 암살당한다. 아가멤논의 아들 오레스테스는 아버지의 복수를 위해 친어머니를 살해했다가 이에 노한 악령들에게 쫓긴다.

이 집안은 저주받았다. 아이스킬로스의 비극 〈아가멤논〉에서 반복되는 모티브다. 랍다코스의 후손들은 어떤가?

우선 오이디푸스가 있다. 의도치 않게 아버지를 죽이고 어머니와 동침한 가장 유명한 그리스 비극의 영웅이다. 그의 형제이기도, 자식이기도 한 아들들은 전투에서 겨루다 서로 죽이고, 딸 안티고네도 동굴에 묻히는 사형을 당한다. 이렇듯 이 몸에서 저 몸으로 전염되는 '죄'.

그리스 사람들에겐 '죄'가 신화로 그치는 것이 아니었다. 삶이고 현실이었다. 아테네에선 살인을 저지른 사람은 사회를 더럽힌다며 경멸했다.

근대 의학은 인류의 목숨을 연장했을 뿐만 아니라 '정의로운' 사회를 만드는 데도 크게 이바지했다. 이를테면 과거에 성격이나 도덕의 결함 때문에 생기는 줄 알았던 것들, 우울증, 조현병, 강박증 등이 많은 경우에 질병 탓이라고 밝혀낸 점이다. 이럴 때 우리는 묻는다. 사람의 모든 행동이 유전자 때문이고, 환경 때문이고, 우리가 제어할 수 없는 의지 밖의 문제 때문에 비롯되는 것인가?

스탠퍼드대학교의 저명한 신경생리학자이자 생물학 교수 로버트 새폴스키(1957~)의 생각은 '그렇다'다. 그에 따르면 선택의 자유는 존재하지만 오늘 저녁 윗니와 아랫니 중 어디를 먼저 양치질할지 결정하는 자유 의지 정도가 우리가 제어할 수 있는 한계라 보았다. 나머지 인생의 큰 결정들, 그 모두는 유전자와 환경에 의해 철저히 지배된다는 것이다.

그렇다면 인간에게 죄와 벌은 마냥 억울한 것이 아닐까. 자유로운 의지가 우리에게 주어져 있는지 아닌지는 철학의 오래된 토론 주제이고 오늘도 계속된다.

우리는 어둠 속을 헤맨다. 누구의 잘못이라고, 혹은 아니라고 하기도 어중간한, 무서운 세상 속을 헤맨다.

오이디푸스는 자기도 모르게 저지른 죄의 무게를 짊어지며 어떻게 처신했던가. 자신의 두 눈을 도려냈다.

2018.8.17.

산 자가 있어 소식이 전해졌다

미국 경찰의 무릎 밑에서 한 흑인 시민이 목이 눌려 죽었다. 소설 같다. 마흔여섯 살 조지 플로이드의 어처구니없어 보이는 죽음이다.

애틀랜타는 미국 동남부 조지아주의 주도state capital인 무더운 도시다. 레이샤드 브룩스는 애틀랜타의 도심부 남쪽에 있는 햄버거 체인점 밖에서 잠이 들었다. 그의 차가 드라이브스루 레인을 가로막고 있다는 제보를 듣고 경찰이 출동했고, 그날 밤 그는 세 발의 총알을 맞고 경찰에 피살당했다.

다리앤 헌트는 2014년 유타주의 사라토가 스프링스에서 저격당했다. 9월 어느 맑은 아침, 헌트는 등에 총알 여섯 발을 맞고 쓰러졌다. 좋아하는 만화 캐릭터 분장으로 장난감 칼을 들고 코스프레 컨벤션으로 향하던 길이었다. 우연이었을까. 이들 죽은 자, 죽음을 당한 자 모두 흑인이었다.

이런 기사를 보고 우리는 경악한다. 부당하다는 말로는

부족하다. 어이가 없어 경악스러운 거다. 스물두 살 청년이 만화 캐릭터로 분장했다가 총을 맞고 죽음을 당하는 것은 부자연스럽다. 제 명을 다하고 죽어야 우리는 그 죽음을 자연스럽다 한다. 엘리베이터 오작동으로 추락사한 사람도, 건설현장에서 어이없는 사고로 죽은 사람도, 슬픔 이전에 다만 황당할 따름이다.

부자연스러운 죽음은 '의미'를 남긴다. 이런 죽음은 쉽게 잊히지 않고, 사회를, 경직된 시스템을, 부당함을, 혹은 누군가를 고발한다. 엘리베이터 사고로 죽은 자의 죽음은 부실공사에 대한 고발이다. 흑인 조지 플로이드의 죽음은 인종차별의 부당함을 전 세계에 다시 알리는 계기가 됐다. 플로이드는 자신이 흑인인권 운동의 얼굴이 될 줄은 미처 몰랐을 것이다. 그의 죽음에 의미를 부여하는 것은 산 자의 몫이다.

하지만 스스로 목숨을 끊어 메시지를 완성하는 자들이 있다. 이념을 위해, 대의를 위해 죽는 사람들이다. 죽음의 경계선을 넘어 '산 자와 함께 자기 자신의 죽음의 무게를 달아보겠다'는 것이다. 명예롭지만 위험하다. 뒤에 남겨질 메시지에 관심을 가지지 말아야 한다. 일상을 뛰어넘는 무언가를 위해 죽는 것 자체가 상prize이어야 한다.

가장 책임 없는 짓은 대의의 깃발을 내걸고 다른 사람을 희생하는 것이다. 카뮈의 연극 〈정의의 사람들Les Justes〉이 있다. 혁명가이며 테러리스트인 러시아인 칼리아예프는 세르게이 대공을 암살하려는 계획을 세운다. 그런데 마차에 동승한 대공의 어린 조카들을 보고는 암살하려던 계획을 포기한다. 그걸 지켜 보던 같은 혁명당원 스테판이 쏘아붙인다. 미래의 정의로운 러시아를 위해, 대의를 위해 그쯤의 희생(어린아이들을 희생시키는 것)은 아무것도 아니라고. 그러자 칼리아예프가 울부짖는다.

"나는 나와 지금 같은 땅 위에 살고 있는 사람들을 사랑하고, 그들에게 경의를 표한다. 그들을 위해 싸우고 죽을 각오도 되어 있다. 하지만 나는 먼 훗날의 알 수 없는 도시를 위해 내 형제들의 얼굴을 치지는 않겠다."

카뮈의 칼리아예프는 덧붙여 말한다.

"비갈이 퍼붓는 피가 땅에서 마를 때쯤이면, 너와 나는 이미 오래전 바닥의 먼지 속에 뒤섞여 있을 것이다."

죽음은 부조리하다. 어느 죽음이든 산 자가 있어 소식이 전해진다.

2020.6.19.

비극

끝이 끔찍하면 비극이라 한다.

고대 그리스에서 비극은 영웅의 특권이었다. 아리스토텔레스는 말했다. 비극의 주인공은 '고귀하고 기품 있는 자'라야 한다. 시시하거나 악으로 가득한 사람이 죽으면 관중은 반응이 없거나 오히려 박수를 칠 것이다. 우리의 숨을 멎게 하는 것은 커다란 영웅이 쓰러지는 모습이다. 소나무 한 그루가 쓰러지듯이. 추락은 높은 곳에서 할수록 아름답다.

누구도 비극(그리스 연극에서의 비극)이 언제 어떻게 시작됐는지 모른다. 기원전 5세기 아테네에서 최고점을 찍었던 비극, 그러나 100년 후 아리스토텔레스조차 비극이 무엇인지 그의 《시학》에서 묻는다.

2300년이 지난 오늘날 '비극'이라는 단어의 해석은 넓어졌다. 신문을 펼치고 인터넷 뉴스를 열면 세계 곳곳에서 일어난 '비극'과 마주하게 된다. 고대극장에서의 비극은 왕이나 위인이 주인공이었다. 이제는 평범한 일반인이다. 변한 건 없다.

아리스토텔레스가 말했던 그대로다. 우리는 '높이'를 조금 달리했을 뿐이다.

내가 요즘 아껴가며 읽는 작가 시몬 베유도 비극에 대한 연구가 깊다. 무대가 아닌 삶에서의 지혜를 베유는 비극에서 찾았다. 같은 고통이라 할 지라도 자신을 위한 것이라면 참아내도 **선한 행동**을 위해 고통을 버티기는 힘들단다.

"달걀 하나를 구하려 새벽 한 시부터 아침 여덟 시까지 움직이지 않고 서서 기다릴 수 있는 사람들도, 사람 목숨을 구하기 위해선 선뜻 그러지 못했을 것이다."

– 시몬 베유, 《중력과 은총La Pesanteur et la Grâce》

낮은 감정(원문에서는 motif)엔 에너지가 많다. 이를테면 두려움, 시기, 명예욕이다. 하지만 높은 감정에서 얻는 에너지는 한정되어 있다. 극한의 어려운 상황에 처하면 우리는 낮은 감정에서 힘을 받는다. 그렇게 비굴해지고 타락한다.

숭고하고 아름다운 것만을 사랑하며 좇다가 고통을 견디지 못해 벼랑에 다다르고 몰락하는 것, 영웅의 이야기다. 리어

왕의 비극이다. 그리스 비극이다.

영웅을 끝까지 변호해 줄 이유는 없다. 영웅은 자신의 무게 탓에 쓰러진다. 보통의 사람은 추락할 수 있는 높이에 다다르지도 못한다. 실패가 비극의 주제다. 대단한 문학이다.

위대한 실패가 있다면 천박한 성공도 있다고 시몬 베유는 보았다. (천박한 마음은 그대로인 채) 숭고한 것을 원한다 해서 자신이 더 나은 사람으로 거듭났다고 생각하는 것은 순전히 우리의 착각이다. 베유는 전혀 다르게 조언한다. 하찮고 작은 것일수록 오히려 고귀한 마음에서 원해야 한다고.

비극이 필요하다. 천박한 실패와 위대한 성공이 무엇인지 고민해야 한다.

인간을 마치 이로운 곤충과 해충으로 나누는 것, 단호히 거부해야 한다.

칼을 땅에 묻고 그 위에 자신의 몸을 던진 아이아스는 '좋은 사람'이 아니었다. 아가멤논은 딸을 희생시켜 제물로 바칠 만큼 욕망, 그 자체였다. 오레스테스는 어머니를 죽였다. 더 할 말이 있겠는가. 헤라클레스는 온 가족을 학살했다. 공포라 말하기도 두려운 인물이다.

그럼에도 불구하고, 아테네인들은 사당과 무덤에 음식과 술을 나르고 바치며 이 영웅들을 '영웅이라는 이름으로' 조상 모시듯 섬겼다.

2021.11.12.

후회만 남는다

《그들은 자유로운 줄 알았다 : 1933~1945년의 독일인들 They Thought They were Free : The Germans, 1933-45》은 미국 저널리스트 밀턴 마이어의 대표작이다. 대단한 독일 사람 또는 독일 민족 얘기가 아니다. 1933년에서 1945년까지 일하고, 교회 가고, 영화 보고, 세금 내던 보통의 독일 시민을 얘기한다.

나치당을 어떻게 견뎠는가?

나무가 자라는 순간을 우리는 알아볼 수가 없다. 나무는 어느 한순간 커버린 듯하다.

범죄도 무거워지는 속도가 느리고 미묘하면 간단히 우리 눈을 피할 수 있다. 1933년, 유대인들이 **무참히** 학살당했다면 평범한 독일인들도 알아채고 저항했을 것이다. 하지만 단박에 **도를 넘는** 그런 순간은 없었다. **계기**는 불현듯 찾아오지 않는다. 이웃이 밤사이에 없어져도 '또 그러는구나!', ' 역시나!' 하고 만 것이다.

어느 독일 아버지는 어린 아들이 **더러운 유대인**이라고 말하는 것을 듣고 비로소 깜짝 놀란다. 독일이 바뀌었다는 것을. 햄릿의 말을 빌리자면, "무언가 썩었다"는 것을.

길거리의 간판들, 식사 시간, 영화관, 즐겨 찾던 휴양지, 모두 보이는 그대로였다. 아버지는 알아채지 못했었다. 아니 알 수가 없었다. 하지만 어린 아들의 입을 통해 마침내 어떤 질서가 무너졌다는 것을 깨닫는다.

햄릿도 **계기**를 기다린다. 숙부가 아버지를 죽이고 어머니를 농락했다는 증거만 찾는다면 '날렵하게 휘몰아쳐' 보복할 생각이었다. 하지만 증거가 없다. 셰익스피어(1564~1616) 시대의 복수극은 말 그대로 '복수'가 극의 뼈대인데, 〈햄릿〉의 주제는 망설임이고, 햄릿은 복수를 하지 못하는 우유부단한 남자로 머문다. 셰익스피어는 알았다. 법은 증거를 요구하는데, '증거는 늘 범죄자의 편'이라는 것을.

사마광의 《자치통감》에 이런 구절이 있다. 어느 사람이 "악행이 안 보이는데 무슨 연유인가"라고 묻는다. 다른 사람이 바로 답을 준다.

"악행은 보이지 않는 게 당연합니다."

죄는 보이지 않기 마련이고 보이지 않는 죄는 벌할 수도 없다는 아이러니를 셰익스피어는 꿰뚫어 보았다. 그래서 우리는 신이 '복수는 나의 것'이라고 약속하며 나를 대신해 벌해줄 것을 기대하는지 모른다. 톨스토이(1828~1910)도 이 구절을 《안나 카레니나》의 맨 앞머리에 인용한 바 있다.

사회가 천천히, 은밀하게 변할수록 우리는 아이들에게 귀 기울여야 한다. 어린 아들이 유대인을 "더럽다" 하자 문득 깨닫는 독일 아버지에게서 얻는 교훈이다. 우리 눈을 피하는 변화의 깊이를 아이를 통해 가늠할 수 있다. 아이는 구름과 같이, 의지 없이, 우리에게 바람이 부는 방향을 알려준다. 또는 깨끗한 거울이다. 아이의 입에서 '정치', '돈' 혹은 '더러운 유대인'이라는 말을 듣게 되면, 우리는 계기의 시작을 찾은 것이다.

셰익스피어도 어린 아들의 목소리를 듣고 싶어 했을까. 햄릿Hamlet과 글자 하나 차이인 셰익스피어의 유일한 아들 햄닛Hamnet은 1596년, 열한 살의 나이로 사망했다. 연극 〈햄릿〉은 1599년과 1601년 사이 쓰여진 걸로 추정된다.

2022.5.10.

나는 베를린 시민이다

1963년, 서베를린 사람들은 불안했다. 통일 전 독일 지도를 보면 서베를린은 동독 한가운데 떠 있는 섬과 같았다. 소련의 흐루쇼프는 이곳을 장벽으로 둘러싸 서방으로의 이동을 통제하려 했다. 탈동독자들을 막기 위해서였다. 같은 해 6월, 존 F. 케네디는(후에 길이 남을 그의 손꼽히는 연설을 위해) 베를린에 도착한다. 미국 대통령의 약속을 기대하며 모인 서베를린 사람들은 40만 명에 달했다.

"아직도 자유민주주의와 공산주의 국가의 차이를 모르는 사람들이 있습니다. 그럼 베를린에 와서 보십시오."

서베를린은 자유의 상징이고 서방의 운명은 서베를린과 함께한다고 케네디는 확신한 것이었다. 관중은 흥분의 도가니에 빠진다. 그의 연설이 이어진다.

"2000년 전, 최고로 자랑스러운 말은 '나는 로마 시민이다' 였습니다. 오늘날, 자유세계에서 가장 자랑스러운 말은 '나는 베를린 시민이다'입니다."

이히 빈 아인 베를리너*ich bin ein Berliner*!

이 말을 굳이 독일어로 하기 위해 영어식 발음을 적어 놓은 케네디의 메모가 남아 있다. 케네디는 아내 재클린과 달리 언어에는 별 소질이 없었다.

"나는 로마 시민이다"라는 말은 기원전 1세기 로마 최고의 웅변가 키케로의 연설에 이미 등장했다. 세계 어디를 가도 이 말 한마디면 법적 보호가 보장됐다. 자부심의 상징이었다. 성경을 좀 아는 사람들은 사도 바울이 '로마 시민'의 덕을 봤다는 사실을 알 것이다. 성난 유대인들에게 바울은 자신이 로마 시민이라고 밝힌다. 그의 몸을 묶었던 사슬이 풀리고, 심문하려 했던 군인들은 물러났다.

19세기에는 '로마 시민' 정신을 영국이 이어받았다. 돈 파시피코는 아테네에 살던 유대인이었다. 어느 날 유대인을 혐오하던 폭도들이 파시피코의 집을 약탈하고 불태운다. 경찰은 보고만 있다. 파시피코는 결국 영국 정부에 보호를 요청한다. 왜? 그는 1784년 영국령인 지브롤터에서 태어난 영국 시민이었기 때문이다. 영국 정부의 자국민을 지키기 위한 대응은 단호했다. 영국 왕립 해군 함대가 아테네의 피레우스 항구를 봉쇄하고 아테네를 폭격할 듯이 대포를 겨눴다. 당시 영국 외무장관(후에 수상이 된) 파머스턴 경이 의회에서 열변했다.

"로마인이 모욕으로부터 자유로웠듯이, 영국 시민은 그가 세계 어느 땅에 있든지 영국이 지켜보는 매서운 눈빛과 강한 팔로 그를 불의와 폭거에서 보호할 것이라고 확신합니다."

국민의 한 사람으로서 너무나 신뢰가 가는 말이 아닐 수 없다. 아테네는 파시피코에게 4000파운드를 보상하기로 한다. 문서가 손실된 탓에 결국 150파운드만 줬지만 말이다. '파시피코 사건'은 한 개인의 문제로 끝나지 않았다. 100년 동안 영국 외교정책의 방향을 제시했다.

나의 몸값은 나를 낳아준 부모가 가장 잘 알 것이다.

나는 대한민국 시민이다.

2022.7.19.

Ⅲ

독한 생각

'작가의 시기심이 지혜를 낳는다.'

– 히브리 속담

안쪽 방의 공무원들

내가 나를 간지럽힐 수는 없다. 내 손이 어디로 갈지를 뇌가 이미 알고 있기 때문이다. 남이 나를 간지럽힐 때 비로소 내가 간지럽다.

뇌는 정보를 오는 대로 받아들이지 않는다. 쉴 틈 없이 우리의 경험을 걸러내고 미리 계산하고 예측한다. 영국에서 '인지철학cognitive philosophy'이란 독특한 과목을 가르치는 앤디 클라크(1957~) 교수는 이를 '예측처리predictive processing'라고 부른다.

이에 따르면 인간은 손으로 도구를 다루는 것이 아니라 도구를 통해 생각을 '다르게' 다룬다. '예측처리'하는 뇌는 연필을 쥔 손이 어떻게 움직일지도 계속 고민한다. 연필은 필기 도구일 뿐 아니라 우리의 사고방식을 바꾼다. 이 현상을 클라크는 '확장된 정신the extended mind'이라고 불렀다('mind'는 번역하기 까다로운 단어다. 흔히 사용되는 '마음'은 오역에 가깝다).

우리의 정신은 뇌에서 끝나지 않는다는 뜻이다. 우리의 몸, 손에 익숙한 물건, 이 모두 정신의 연장 혹은 도구인 셈이다. 생각지도 못했던 것들이 우리 사고의 모양을 바꾼다. 사유를 직업으로 하는 철학자들이 말하는 **비결**도 의외일 때가 있다.

옥스퍼드대학교의 철학 교수 데렉 파핏(1942~2017)은 사유 과정에 있어 의식적인 것은 거의 없다고 봤다.

예를 들면 사람의 뇌 안에는 고급 공무원이 한 명 앉아 있다. 그가 종이에 '문제'를 하나 적은 후, 그것을 서류함에 넣어둔다. 그러면 저 '안쪽 방'의 공무원들이 그 '문제'에 대해 열심히 고민한 다음 '답'을 찾아 서류함에 넣는다. 그러면 고급 공무원이 다시 그 답을 찾아 쓰는 식이다. 파핏의 사유 방법이다.

샤워를 하거나, 화장실에서 아이디어가 문득 떠오르는 경험은 누구나 했을 것이다. 무의식 속에서 일하는 안쪽 방의 공무원들 덕분이다.

니체는 서재에 앉아 책에 둘러싸여 써낸 생각은 가치가 없다 했다.

'모든 편견은 내장에서 비롯된다.'

'좌식생활은 성령에 대한 모독이다.'

몸이 가볍고 '온 근육이 춤을 출 때' 번뜩 떠오르는 생각이 최선이다.

니체는 하루에 여덟 시간씩 산책했다. 철학을 자유로운 몸에 맡기기 위해서였다.

창의적이고 진실한 생각의 원천은 무의식에서 온다. 이미 만들어진 공식이나 테크닉만으로 진실에 가닿을 수 있다면, 우리 모두는 철학자일 것이다. 빨리 익는 것은 빨리 썩는다. 기술로 쌓은 건 금방 무너진다는 게 내 생각이다.

그렇다면 무의식을 어떻게 다스릴 것인가. 숙제다.

철학자뿐 아니라 작곡가, 소설가, 발명가들은 어둠 속에서 스위치를 더듬듯 그에 맞는 정신상태를 추구해 왔다. 베토벤(1770~1827)은 커피를 만들 때 커피 알을 정확히 60개 세서 갈아 마셨다고 한다. 스티븐 킹(1947~)은 자기 전에 손을 씻고, 베개 커버의 열린 부분을 침대 반대쪽을 향하도록 맞춘 후 잠이 들었다 한다. 니콜라 테슬라(1856~1943) 역시 자기 전 침대에 누워 발가락을 100번씩 꼼지락거렸다. 두뇌기능에 좋다고 테슬라는 확신했다. 모두 더 나은 창조를 위한 의식행위들이다.

안쪽방의 공무원들은 우리가 모두 잠든 후에도 잠을 자는 법이 없다.

2021.3.12.

오해했다

사실을 말하는 언어는 오해받기 쉽다. 예를 들면 이런 거다. 일과 삶은 구분돼야 한다. 일은 사무실에서 끝내고, 그 후의 시간은 내 삶을 위해 써야 한다고 이해한다.

나를 위해 하고 싶은 것을 할 여유가 필요하다는 주장일 것이다. 오해다.

일과 삶은 나뉘어야 하지만 한 몸이다. 살고 싶어서 노동하는 것도 아니고, 노동하고 싶어서 사는 것도 아니다. 일과 삶을 합체해 버리고자 하는 것도 매력적이지만 함정이다.

어떤 이는 대문호 괴테가 공무원으로 일했던 걸 아쉬워했다. 세계적인 작가에게 걸맞은 격정적이고 파격적인 삶을 기대한 것이리라. 철학자 스피노자는 평생 안경과 망원경에 쓰이는 렌즈를 깎으며 살았다. 의외인가? 철학자 비트겐슈타인은 1차 세계대전 중 참호에서 감자를 깎으며 이런 스피노자를 떠올리며 흐뭇해했다고 한다. 공무원 괴테의 삶에 실망했다면 어이없는 사람이다.

무거운 사실일수록 쉬 오해를 산다. 신이 교회를 지으면 그 옆에 사탄이 예배당을 짓는다는 말은 그르지 않다.

자신에게 집중하라고 간혹 나를 닦아세우고는 한다. 나에게 온전히 집중하는 것이, 내 인생의 내 욕망을 좇는 것이, 타인을 배려하지 않는 것이라 생각하는가? 이것도 오해다.

자신에게 집중하는 사람이야말로 자기 이익을 버리는 사람이다. 나 자신에게 집중하는 것은 사실 끔찍하게 어렵다. 내가 생각하는 내 생각은 거의 남에 대한 생각인 까닭이다.

내가 좋아하는 사람 생각, 내가 증오하는 사람 생각, 내가 성공했으면 하는 생각, 내가 원하는 것을 욕망하며 떨쳐버리지 못하는 생각. 이 모두가 다른 사람의 시선과 존재를 의식한 생각들이다. 누구도 보지 않는 곳에서 나에게만 집중할 수는 없는 것일까.

고독하면 어떨까? 예수도 부처도 오랫동안 혼자만의 시간을 보냈다.

《가디언》에 실렸던 미국인 이야기다. 이 남자는 스무 살을 막 넘기고, 그야말로 홀연히 문명을 떠나기로 결심했다. 준비도 없이 내린 결정이었다. 그리고 27년 동안 누구도 만나지 않고 생활하다가 세상에 다시 나타났다. 그러고는 철학자처럼 말했다.

"고독은 분명 무언가 소중한 것을 더 가지게 한다. 고독함은 나의 지각력을 향상시켰다. 그런데 의아한 게 있다. 내가 내 향상된 지각력으로 내 자신을 내려다보니 그곳에 나 자신은 없었다."

나도 고독에 대해 말한 적이 있다.

영화감독 타르콥스키의 "젊은이는 고독을 감싸안을 줄 알아야 한다"는 멋진 말도 좋아한다. 비트겐슈타인은 영국 케임브리지대학교에 있다가 노르웨이로 갑자기 사라지고, 오스트리아 시골에서 초등학교 선생을 하며 자신을 고독이라는 울타리에 가두어 버렸다. 단연 20세기 최고의 피아니스트라 할 수 있는 글렌 굴드(1932~1982)에게도 고독은 신념과 같았다. 심지어 '고독'을 주제로 세 시간 분량의 라디오 다큐멘터리도 만들었다.

이제 그들의 고독이 조금조금 이해된다. 다만 사막으로 숲으로 떠날 수 없다는 것이 문제다.

사랑하는 사람, 나를 나이게 해주는 일, 하루도 거르지 않고 나오는 언어들, 이런 것들에 둘러싸인 나는 고독을 어떻게 찾을까. 기도하며 찾을까.

2021.4.16.

게으른 뇌

쉬워 보이는 것은 어렵고 어려워 보이는 것은 쉽다.

독일의 컴퓨터 과학자 유르겐 슈미트후버(1963~)는 '단순한 원칙이 아름다움, 새로움, 놀라움, 흥미로움, 관심, 호기심, 창의성, 예술, 과학, 음악, 농담의 본질을 설명한다'라는 긴 부제목의 논문을 썼다. 이 논문은 우리의 학습 방식, 욕망, 삶의 구조를 설명하고 있다.

핵심은 '압축compression'이다. 인간의 경험은 다양하고 연관 없이 흩어져 있다. 인간은 혼란스러운 경험 속에서 반복되는 패턴을 찾아서 '압축'을 할 수 있다.

해는 매일 뜨기 때문에 '낮'이라는 개념을 만든다. 뉴턴(1642~1727)은 간단한 공식에 수많은 현상들을 '압축'했다. 연필이 왜 바닥으로 떨어지는지. 하늘에서 행성은 궤도를 어떻게 그리는지. 뉴턴의 이론 밖의 현상들을 아인슈타인(1879~1955)이 또 '압축'했다. 상대성 이론이다.

'압축'하며 지난 경험을 정리해 우리는 미래를 예측한다.

지능이 높은 동물이라면 자연스럽게 '압축'을 추구하게 된다. 대칭이 있는 얼굴, 단순한 비율을 가진 얼굴이 아름답게 느껴진다. '압축'하기 쉽기 때문이다. 처음 보는 얼굴도 기존에 익숙한 얼굴을 모아 만든 '원형'에서 멀리 벗어나지 않을수록 아름답다.

'딥러닝의 아버지'로 불리는 슈미트후버는 우리가 '게으른 뇌'를 가졌다 한다. 뇌는 간결한 공식으로 표현할 수 있는, 공간을 절약하는 정보를 선호한다.

한걸음 더 나아가 인간의 뇌가 '지나치게' 게으르다고 말하는 사람도 있다. 인지 심리학자 도널드 호프먼이다. 호프먼은 뇌가 현실을 그대로 인식하기보다는 인간이 먹고 살아남는 데에 최적화되어 있다고 보았다. 생존과 무관한 것은 뇌는 무시하려 하고, 생존에만 집중하도록 뇌는 우리를 속인다는 것이다.

보이는 현실은 왜곡투성이인지도 모른다.

호주에 보석딱정벌레jewel beetle라는 곤충이 있다. 보석처럼 반짝이는, 금갈색 곤충이다. 암컷은 날지 못한다. 수컷은 날아다니며 역시나 암컷을 찾는다. 수천 년 혹은 수억 년 동안 그렇게 반짝이는 금갈색 암컷들을 쫓으며 살았다.

어느 날 갈색의 빈 맥주병을 보고 수컷들은 깜짝 놀란다. 그러고는 그만 암컷을 잊는다. 반짝이는 유리병에 붙어(거대한 암컷으로 착각해) 부비다가 여위어 굶어죽는다. 맥주병과의 '금지된 사랑' 때문에 보석딱정벌레는 멸종할 뻔한다. 호주 맥주 회사들은 이 때문에 맥주병의 색과 디자인을 바꾸었다.

호프먼은 시뮬레이션을 돌렸다. 현실을 있는 그대로 인식하는 생물보다는 현실을 왜곡하는 생물이 생존 확률이 더 높았다. 호주의 보석딱정벌레는 갈색이며 올록볼록한 물체는 무조건 열망하도록 진화된 것이었다.

인간이 보는 세상도 사실은 '가짜'가 아닌가 하고 많은 철학자들이 생각했다. 플라톤은 왜 우리가 '참 세상'을 인식하지 못하고 있고, 욕망을 경계해야 한다고 했는지 이제 다시 설명할 수 있겠다.

욕망은 뇌가 수억 년의 진화를 거치며 우리에게 보내는 가장 강한 메시지다. 인간을 속이려면 욕망으로 속일 것이다. 금갈색빛의 욕망이다. 그런데 니체는 이 욕망을 좇으라 했다. 인간의 금빛 욕망은 벌레의 그것보다 더 정교하고 고귀하다.

본능을 뛰어넘는 지혜는 없다.

2021.12.17.

즐거운 휴식

걱정이 쌓이면 눈을 감고 마비되고 싶다.

러시아 작가 곤차로프(1812~1891)의 소설《오블로모프》의 주인공 오블로모프처럼 침대 속으로 자기를 유배시키는 거다.

'긴 하루가 지나고 밤이 왔기에, 오늘 무엇을 위해 살았는지, 내일 무엇을 위해 살지 같은 지겨운 질문을 잠 속으로 묻어 버릴 수 있기에, 행복하다'는 오블로모프다.

휴식은 권리다. 현대인의 상징이다. 휴식하는 사회가 계몽된 사회같이 느껴진다. 일만 하는 건 무식하다. 세련되지 못하다. 일을 더 잘하려 해도 쉬어가며 해야 한다.

내가 아는 영국인들은 치열한 걸 좋아하지 않는다. 첫째, 우아하지 않고(혹은 신사적이지 않고) 둘째, 과학적이지 않다. 휴식은 생리적으로 필요한 것이다.

한국도 바뀌고 있다. 먹으며 휴식하고, TV 보며, 또 TV에서 남이 먹는 모습을 보며 휴식한다. 한국과 일본 TV를 보면 늘 누군가, 무언가를 먹고 있다.

휴식은 망각이다. 휴식이 끝나면 어떤 힘이 생기는가? 휴식의 반대를 '피로'라고 치자. 여기에 오류가 있다. 동물도 위험에 처하면 몸을 뻣뻣이 하고 쓰러져 죽은 척한다.

문제는 왜 누구나 휴식해야 하는지, 왜 휴식을 원하는지 의심해 보지 않는 것이다. 프리드리히 니체는 휴식을 갈망하는 것은 노예의 본성이라고 말했다. 노예는 힘이 없다. 노예의 삶은 당하는 삶이다. 자기가 당하는 고통을 막거나 고발할 능력도 없다. 그런 노예에게 가장 큰 '행복'이란 휴식이다. 자신의 머리 위로 떨어지는 폭력이 멎는 시간이다. 숨을 돌릴 기회인 것이다. 멍하니 쉬는 것, 평화, 안정, 다시 말해 '수동적인' 순간이다.

반대로, 주인은 힘이다. 권력자다. 누가 자신을 알아줄 필요도 못 느낀다. 자기와 같은 부류면 좋은 것이다, 곧 자기긍정적이다. 넘치는 힘은 자연스럽게 행동으로 이어진다. 주인은 휴식이 아닌 행동에서 '행복'을 찾는다. 니체의 노예도덕 *Sklavenmoral*과 주인도덕*Herrenmoral* 얘기다.

니체는 투박한 철학자가 아니다.

그가 말하는 노예도덕은 은신처와 지름길과 뒷문을 사랑

하고, 침묵하고, 원한을 잊지 않고, 기회에 따라 자신을 낮추고, 열등감과 증오로 마음에 독이 오른 상태라고 했다.

반대로 주인도덕은 관대하고, 정직하고, 쉽게 잊고, 엄격하고, 밝은 곳을 추구하고, 무엇보다 강하다 했다.

하지만 니체는 우리 모두가 '주인'이 되기를 바랐을까? 노예의 목소리도 주인의 목소리도 빌리지 않은, 나만의 목소리를 찾아야 한다고 그는 보았다.

주인은 노예를 경멸하지만 노예는 주인을 '악'으로 부른다. 그리고 자신을 겸손한 '선'으로 부른다. 이것이 선악의 개념의 기원이며 곧 도덕의 계보라고 니체는 말한다. 그리고 덧붙인다. 누구든 한 사람, 한 영혼의 내면에 노예도덕과 주인도덕이 공존하거나 대립할 수 있다고.

늘 부족하다는 휴식을 즐거운 연휴에 어떻게 보상받을까 하고 생각해 본다.

하지만 더한 고민은 '나는 왜 휴식을 원하는가'다.

2022.1.18.

그의 열매로 그들을 알 것이라 하지만

철학을 읽거나, 글을 생각하거나, 음악을 고민하거나, 강의를 준비할 때, 그리고 내 미래를 생각할 때 나는 결과보다 과정, 즉 결과를 만들어 내는 재료와 방법에 관심을 두는 편이다. 결과가 두근거리는 한 '점'에 불과하다면 그 이전의 준비 시간은 길고 넓기 때문에, 그리고 양으로만 따져도 삶의 대부분은 준비이자 과정이기에, 나는 아직은 결과에 집착하지 않으려 한다. 뒤돌아봤을 때 그 어떤 성과도 없다면 오싹하겠지만 말이다.

아직 DVD를 빌려보던 시절에 영화 본편보다도 '스페셜 에디션'에 부록으로 있는, 영화를 만드는 과정의 다큐멘터리나 인터뷰를 즐겨 보았던 기억이 있다. 작품의 'Making of'를 궁금해한 건 나도 그 작품을 만들고 싶다는 욕심에서 나왔기에 이것도 창조적인 충돌이라 할 수도 있지만 말이다.

셰익스피어 책 가운데 왼쪽에는 연극 대본이, 오른쪽에는 해설이 있는 판본이 있었는데 해설 부분을 더 재밌게 읽은 기억도 있다. 그런 이유로 나는 창조적이기보다는 주석을 달고 해석하는 수준 이상으로 성장하지 못할까 두려워하기도 했다.

'결과'는 조금만 시간이 지나면 낯설어진다. 남의 생각, 남의 글, 남의 인생 같다. 하지만 과정에 대한 생각은 흥미롭게도 늘 친근하다. '좋은 글을 쓰는 법' 이나 '좋은 예술에 대한 생각'은 더 이상 동의하지 않아도 그 고민의 노력 자체로도 애착이 간다. 그리고 끝나지 않은 고민이기 때문에 아직도 생생하게 느껴지는지도 모른다. 끝난 글은 끝난 글이다.

그래서 니체처럼 '좋은 철학자가 되는 법'에 대해 말한 철학자를 특히 좋아한다. 니체의 자서전 《이 사람을 보라》를 보면 어이없다. 빌라도가 예수를 가리키며 라틴어로 한 말 '에케 호모*ecce homo*'를 자기 자서전 제목으로 썼으니, 무언가 심상치 않다. '나는 왜 이렇게 좋은 책을 쓰는가, 나는 왜 똑똑한가, 나는 왜 운명인가'. 책 속의 작은 제목들이다. 교만하다고 보이는가. 그의 자신감과 당당함이 부럽다. 내가 평소 궁금했던 부분들이었다. 어떻게 하면 좋은 글을 쓸 수 있는지, 어떻게 하면 똑똑해질 수 있는지, 내 운명을 어떻게 운전하고 나아가야 할지를, 그 과정 전부를 친절히 알려주겠다는 니체에게, 자신의 공방으로 초대해 준 니체에게, 너무 감사하지 않은가.

과정에 대해 경의를 표하고 높이 평가한 이가 또 있다.

철학자 비트겐슈타인은 같은 빈 출신의 작가 오토 바이닝거(1880~1903)의 《성姓과 성격Geschlecht und Charakter》이란 책을 여러 사람에게 추천하거나 선물하곤 했다. 바이닝거의 책은 여성 혐오, 유대인 혐오 내용으로 가득한 듯했다(본인이 유대인이었고 '여성스러운' 동성애자였다. 결국 자기혐오였을까. 그는 《성과 성격》을 남기고 스물세 살에 자살했다). 하지만 책이 묻는 질문은 따로 있다. 천재는 누구인가? 천재는 어떻게 살고, 어떻게 생각하고, 어떻게 천재로 거듭나는가? 이 '과정'에 대한 바이닝거의 고민에 비트겐슈타인이 끌리지 않았을까? 과정이 곧 본질이고, 어찌 보면 전부다.

하지만 그럼에도 불구하고 '과정'을 글로 옮기거나 말로 다하기 어려운 이유가 있다. 어느 중국 철학자는 "진정한 도인은 자기 자신을 말로 설명하지 못한다"고 말했다. 옳은 말이다. 작가 나보코프(1899~1977)는 그 어려움을 기어다니는 지네에 비유했다. 만일 지네에게 "어떻게 수십 개의 발로 유려하게 걷는지" 묻는다면, 지네는 "머리가 얼어붙고, 다리가 뒤엉켜 넘어질 것이다"라고.

영국의 어떤 명배우는 공연을 마치고 무대 뒤로 가서 울었다. 명연기였는데 왜 슬퍼하냐고 동료가 묻자 답했다. "바로 이 이유 때문에 울고 있다. 좋은 연기였는지는 나도 알겠는데 어떻게 했는지 도저히 모르겠다."

경지는 믿고 경험해야 알고, 말로 할 수 없는 것이기에 우리에게 신비로 남는다.

예수는 "그 열매를 보고 나무를 판단하라" 했다지만, 아직은 열매도 없고 결실도 없이 천재의 삶을 숨어 살고 있는 사람들이 어딘가에 분명 있을 것이다. 어디서 무엇을 하고 있을지 궁금하다. 그리고 그런 생각을 하면 기쁘다. 나 역시 그 과정을 시작할 가능성이 있다는 믿음이 있어 희망에 찬다. 죽음과 내가 묻힐 무덤에 대해 생각하면 몸이 차가워지는 것을 누구나 경험할 테지만 더 높은 곳에 다다를 수 있다는 생각만으로 몸이 따뜻해진다.

2022.11.1.

Ⅳ

영국의 유머와 여유

'미친 개들과 영국인만이 정오 햇빛 아래 걸어다닌다.'

– 노엘 카워드(1899~1973)의 노래 가운데

선택적 친화력을 생각하다

옥스퍼드 유니언은 옥스퍼드대학교 중앙을 세로로 지르는 콘마켓 거리 옆에 뻗어나간 조용한 골목에 위치해 있다. 정치토론이 열리는 학생 클럽이다. 1823년에 세워진 이 유니언을 다녀가지 않은 유명인사가 없을 정도다. 윈스턴 처칠(1874~1965), 마가렛 대처(1925~2013), 미국 대통령 넷, 테레사 수녀(1910~1997), 심지어 알버트 아인슈타인 등.

미래에 정치인을 꿈꾸는 옥스퍼드대학교 학생이라면 이 유니언을 빼놓을 수 없다. 유니언 건물 내부는 런던 시내에 있을 법한 젠틀맨 클럽 분위기 그대로다. 벽은 진한 갈색의 우든 패널로 둘러져 있고, 의자는 가죽으로 덮여 있다. 유니언 회원들은 멤버들만 드나들 수 있는 바에서 칵테일을 마시며 인맥을 넓힌다. 회원을 위한 도서관도 있다. 라파엘 전파 화가들이 그린 고풍스런 벽화로 장식돼 있다. 토론 회관은 영국의 하원 본회장을 연상시킨다. 이곳에서 달아오른 얼굴로 서서 논쟁을 벌이는 학생들을 보면 이미 하원의원이 된 듯하다. 누군가 "워털루 전투의 승리는 이튼학교(영국의 유명 사립 중고등학교)의 운동장에서 결정됐다"고 말한 바 있는데, 결코 과장이 아니다. 영국인들의 토론debating 문화는 널리 알려져 있다. 영국에선 지도자를 일찍부터 양육한다. 얼핏 영국 정치인들과 옥스퍼드 유니언 학생들의 모습이 겹쳐 보이는 이유다. 이들 중에는 벌써부터 친구들을 유권자 취급한다고 불만스러워하던 학생들도 있었지만 말이다.

학생들은 초청 게스트와 함께 여당과 야당 팀으로 나뉘어 마주 보고 '의회식 토론'을 한다. 토론주제는 익살스럽게 가볍거나, 열렬하게 시사적이거나, 때로는 충격적이기도 하다. 심지어 이런 토론도 있었다. '본 의회는 어떠한 경우에도 국왕과 국가를 위해 싸우지 않을 것이다(1933년 실제 있었던 토론이다).' 청중은 토론을 끝맺으며 큰소리로 'Yay' 혹은 'Nay'라고 외친다. 그중 소리가 더 큰 쪽이 이긴다. 목소리가 큰 쪽이 이기는 셈이다.

축제장을 떠나듯이 유니언 건물을 빠져나오면 아쉬우면서도 홀가분하다. 전통이 뒷받침하는 집단은 분명 닻 없이 떠다니는 것보단 바람직하다. 옥스퍼드가 상징하는 엄숙한 여유로움과 우아함은 미래를 약속하지 않는다. 오히려 과거를 권유한다. 콘마켓 거리를 따라 내려오면 옥스퍼드 하이 스트리트가 있다. 하이 스트리트를 내려다보는 석상들이 여럿인데 그중 하나가 제국주의자이자 옥스퍼드의 최고 후원자 중 한 명인 세실 로즈(1853~1902)다(몇 년 전에 이 동상을 철거하자는 시위가 한창이었다. '지금은 맞고 그때는 틀렸다'라고 외치는 목소리 중 하나일 거다). 옥스퍼드 학생들은 역설을 품고 산다. 늘 유별났지만, 한때 옥스퍼드의 당당한 화려함은 이제 조금 부자연스럽다. 미국 대학에 가보니 중세 첨탑도, 초상화로 둘러싸인 식당도 없었지만 확신에 찬 공기는 영국의 그것과 달랐다.

영국의 대학 시절 빼 놓을 수 없는 친구가 둘 있다.

그중 한 명이 제임스였는데, 유니언 멤버였다. 그는 옥스퍼드 보수당 협회에서 회장으로 활동했다. 어렸을 때부터 마거릿 대처를 존경하여 정치가를 꿈꿨다. 대처와 같은 유니언의 토론 단상에 올라가는 순간 느꼈을 제임스의 전율을 짐작할 수 있다. 제임스는 초등학생 때 중국의 삼국지를 자기 스타일의 역사소설로 바꿔 번역하기도 했다. 한마디로 준비된 정치인이었다. 게다가 삼국지의 중국 영웅은 물론 나폴레옹

(1769~1821)에 대해서도 모르는 게 없는 역사통이다. 의외로 대부분의 옥스퍼드 학생들은(전통의 오래된 학교라지만 그들도 20대의 젊은이임에는 틀림없다) 진보성향이 강했다. 때문에 고등학교 때 이미 보수당 협회에 가입해 활동하던 제임스를 곱게 보지 않았다. 고지식한 보수이고 차가운 기회주의자로 보았지만, 내게는 그저 중국 삼국지에 빠진 독특한 청년으로 보였다. 제임스에겐 낭만이 있었다. 졸업 후 그는 예견된 대로 영국 보수당에서 어느 하원의원의 어드바이저로 일하다가 지금은 정책연구소에 있다.

한편 기숙사 바로 옆방의 친한 친구 카메란은 대학 내내 영국 노동당 지지자였다. 유니언을 자주 찾아가진 않은 것 같다. 평범한 중산층 가정에서 태어난 카메란은 허세없고 분별력이 있었으며 무엇보다 할인쿠폰 없이 식당에 가는 일이 드물었다. 그러던 카메란이 현재, 뉴욕의 IT 대기업에서 상당한 연봉을 받고 일하고 있다. 그리고는 달라졌다. 수학을 전공한 카메란은 세금에 대해 아주 민감해졌다. 세금을 많이 내는 이가 진보로 남아 있기란, 세계 어디를 가도 드문 모양이다. 나의 카메란도 진보에서 보수로 돌아섰다. 사회복지의 효율성에 대해서 질문이 많아진 친구 카메란이라니.

2020.7.24.

웃기는 사람들

영국 하면 유머와 코미디가 가장 먼저 떠오른다. 한마디로 '웃기는' 나라다.

어느 독일 남자가 자기는 '몬티 파이손' 팬이라고 자랑하는 것을 들은 적 있다. 몬티 파이손은 1969년에 만들어진 영국 대표 코미디 그룹이다. 그들은 10분가량의 우스운 삽화 혹은 '스케치'를 엮어 텔레비전 방송 프로그램과 영화를 만들었다. 마치 달나라에라도 갔다 온 것 같은 상상력. 〈비욘드 더 프린지(1960)〉나 〈더 군 쇼(1951~1960)〉가 개척한 부조리한 코미디를 몬티 파이손이 완성했다.

당시 영국 코미디는 옥스퍼드와 케임브리지대학교 출신들이 장악했는데, 수준 높은 '하이 컬처'를 섞었다. '프루스트를 1분 만에 요약해요' 따위. 혹은 한때 로마의 지배를 받고 있던 유대인들이 로마 제국주의를 비판하는 이런 장면.

"로마인들이 우리 유대인들에게 대체 해준 게 뭐가 있나요?"

"길 만들어 주고, 목욕탕 만들어 주고, 하수도 시설도 만들어 주고…"

"아니, 그럼 길 만들어 주고, 목욕탕 만들어 주고 ,하수도 시설 만들어 준 거 빼곤, 해준 게 뭐가 있나요?"

"…없군요!"

유난히 말장난이 많다. 언어를 어린아이 찰흙 주무르듯이 만지며 노는 거다. 정치적인 표적이 있거나, 비틀림을 욱여넣거나 불쾌한 꼬임이 있는 것도 아니다. 단지 상황의 부조리함을 굴리고 굴린다.

몬티 파이손은 '고급'과 '저급' 문화 사이를 넘나들었다.

비슷한 예로 P. G. 우드하우스(1881~1975)가 있다. 영국 상류층을 소재로 한 코미디를 쓴 것으로 유명하다. 그는 귀족들의 과장된 생활방식과 언어를 비꼬았지만 그의 소설 속 주인공들은 별난 나머지 사랑스럽다. 조지 오웰(1903~1950)은 우드하우스가 지은 죄가 있다면 상류층을 천진한 재밋거리로 만든 것이라고 했다.

우드하우스의 상큼하며 짓궂은 위트는 위트 그 이상이다.

"그는 음식을 먹기 위해 입을 벌릴 정도의 지능은 있었지만, 그 이상도 이하도 아니었다"라거나 "그의 표정은 마치 삶이라는 잔을 비우고는 컵 바닥에 죽은 바퀴벌레를 발견한 듯한 인상이었다"는 등 "삶에 재미난 건은 모두 부도덕하거나, 불법이거나, 살찌우는 것뿐"이라며 유머의 최극을 즐겼다.

1980년도 후반까지도 몬티 파이손식 코미디는 계속됐지만, 이런 고급한 고전적인 유머는 민주적이고(누구나 즐기는), 모던하고(더 이상 고전을 응용하는 일 없이), 서민적인(내 이웃이 소재) 코미디로 대체됐다. 어디서나 볼 수 있는 슬랩스틱slap stick(몸 개그)이고, 시대 흐름을 따르기에 급하고, 이전 세대를 부정하기에 바빠진, 그야말로 매력이 없어져 버린 '코미디'가 되었다. 수준 높은 코미디는 여유와 고삐 없는 상상에서 나오는데 말이다.

유머가 영국만의 전유물은 아니다. 블랙유머와 부조리한 코미디로 알려진 프랑스의 피에르 데프로주(1939~1988), 또한 독일인들에게 '유머'를 가르쳤다는 로리오(1923~2011), 마지막으로 독일 바이에른의 천재 코미디언 카를 발렌틴(1882~1948)의 풍부한 상상력과 말장난도 유머를 넘어선 그 무엇이 있다. 다만 국민성 탓일까? 영국만큼 유머 감각을 자랑하는 나라도 드물다. 영국인들은 자신했다. 만약 히틀러가 영국인이었다면 유머라곤 없는 그의 연설을 듣고 모두 비웃고 외면했을 거라고. 그리고 그는 결코 정치적으로 성공하지도 못했을 거라고.

아쉽게도 오늘날의 영국도 많이 달라졌다. 나라 사랑(폐쇄적인 국수주의를 말한다)을 논하고, 국민 대다수가 선을 원한다는(근거가 약한), 쓸모 없이 진지하고 유머 없는 선동주의에 빠진 모양새다.

"조용한 여름 저녁, 저 멀리서 달팽이가 헛기침을 하는 소리가 들린다"던 유머의 대가 우드하우스의 영국이 그립다.

2020.9.4.

5년간의 완벽한 행복

9월이 되니 영국 기숙사가 생각난다. 새 학기가 시작되는 것이다. 이른 가을 해가 짧아지고, 소년들은 커다란 짐을 하나씩 메고 학교로 돌아온다.

기숙학교에 관한 책이 의외로 많다.

1857년에 출간된 《톰 브라운의 학교 생활Tom Brown's School Days》부터 지금은 거의 잊힌 《데이빗 블레이즈David Blaize》, 스티븐 프라이(1957~)의 자서전 《모압은 내 목욕통Moab Is My Washpot》까지. 물론 샐린저(1919~2010)의《호밀밭의 파수꾼》도 빼놓을 수 없다.

기숙학교 소설은 하나의 문학 장르다. 이를테면 빌둥스로만Bildungsroman 같은 거 말이다. 성장소설이라 보면 된다. 반은 소설, 반은 회고록이 대부분이다. 열일곱 살 소년이 6주 만에 쓴 《청춘의 베틀The Loom of Youth》도 있다.

내게 중고등학교 5년(영국에선 5년이다)은 완벽한 행복이었다. 그때 나의 행복은 아직도 이해하기 어렵다.

IV. 영국의 유머와 여유

루이 말(1932~1995) 감독의 프랑스 영화 중 〈안녕, 아이들아Au Revoir, Les Enfants〉에서 어린 학생이 혼자 기차를 타고 창밖을 내다보며 학교로 돌아오는 장면이 있다. 내 기억과 겹치는 영상이다. 나는 당시에도 이 시간이 소중하고, 절대로 돌아오지 않을 것임을 알았다.

우리에게 가장 익숙한 기숙학교 소설은 《해리포터》 시리즈일 것이다. 새로운 학기가 시작되고 교실 안에는 여전히 폭군인 불리bully가 있고, 다시 학기를 마치고, 기차를 타기 전 친구들과 툭 건드리며 나누었던 작별 인사.

소설은 말한다. 이 시간이 곧 끝날 거라고. 특별한 시간이었다. 책에서, 소설에서 읽은 생활이 내 경험과 맞춤한 듯 똑같다는 게 특별했다.

아주 사소한 동작에도 의미를 부여하게 되었다. 보타이를 맬 때도, 학교 모퉁이를 돌아갈 때도. 어느 문학 속에서 살고 있는 게 아닌가 하고 착각할 수 있다는 것은 대단한 특혜다. 과거를 뒤엎기보다는 도금해서 물려주는 것이 때로는 현명한 이유다.

《군주론》에서 마키아벨리(1469~1527)가 말했다. "군중은

보다 나은 지도자를 기대하며 지금의 지도자를 몰아내기도 하지만 결과는 더 비참해질 뿐"이라고.

작곡을 하면 유명 작곡가가 될 수 있을 것 같았고, 테니스를 조금 치면 세계적인 테니스 선수가 될 수 있을 것 같았던 시간이 있었다.

프랑스어에 '앙팡 테리블*enfant terrible*'이라는 말이 있다. '무서운 아이'. 끼가 넘치고, 갑갑한 관념을 깨고, 변화를 일으키는 젊은이를 말한다. 영재, 천재, 수재, 이런 단어들이 아니다. 영국 학교는 공부 천재보다 이런 앙팡 테리블의 가치를 더 알아봐 주는 곳이었다.

5년의 시간이 다시는 돌아오지 않았다. 다음을 기약하고 내 유년의 행복을 양보하지 않아서 다행이다. 그때 자주 듣던 음악이 바그너(1813~1883)의 〈리베스토드Liebestod(사랑의 죽음)〉이다.

인간의 수명이 무척 길어졌다. 다만 오래 사는 것의 문제 중 하나가 시간이 터무니없이 길고 평평하게 보일 수 있다는 점이다. 5년 후 졸업한다는 걸 알았기에 행복했던 것일까? 10년, 20년 계속될 수 있었다면 어땠을까? 물론 유한하다고 그 시간이 무조건 행복한 건 아니다. 부끄럽게도 어떤 생각과 행동은 결국 그 나이여서 비롯된 게 많다. 그 나이에만 가능한 것들이 있다.

“아침 버섯은 그믐과 초하루를 모르고, 매미는 봄과 가을을 모른다”고 장자가 말했다기에 하는 말이다.

2021.9.3.

예스, 미니스터

영국 공직자의 '매뉴얼'로 불리는 TV 시트콤이 있다. 1981년 BBC에서 첫 방송된 〈예스, 미니스터〉는 정치 코미디 드라마다. 주인공 짐 해커 장관은 윈스턴 처칠과 같은 정치가가 되기를 꿈꾸는 살짝 모자라는 장관이다. 여기에 장관을 쥐락펴락하는 노련한 공무원이 있다. 공무원 애플비의 신조는 이렇다.

첫째, 일을 신속히 진행하려면 시간이 오래 걸리고, 둘째, 저렴하게 하려면 비용이 많이 들며, 셋째, 민주적으로 하려면 비밀리에 해야 한다는 것이다. 공무원은 절차다.

긴급상황 대응 매뉴얼을 소개하는 장면은 탁월하다. 긴급상황이 발생했다 치자.

1단계, 아무 일도 없을 것이라고 보고한다. 2단계, 어떤 일이 발생할 수도 있지만 조치할 필요는 없다고 보고한다. 3단계, 조치가 필요하지만 실행 가능한 조치가 없다고 보고한다. 마지막 4단계, 실행 가능한 조치가 있었지만 이미 늦었다고 보고한다. 드라마 얘기다.

어느 날 장관 해커는 부서의 공무원 인원을 줄이기로 한다. 불필요한 인력에 나랏돈을 낭비하는 건 옳지 않다는 게 이유다. 애플비가 바로 답을 낸다.

"그럼 정부에서 나오는 예산도 반쪽, 장관님의 영향력도 반쪽 나는데 괜찮으실는지요?" 장관은 바로 꼬리를 내린다. 레파티repartee(받아치는 화법)의 정석이다.

장관인 해커는 변덕스럽고, 줏대 없고, 신문기사와 뉴스 보도에 약하고, "표를 잃을 수 있다"는 말에 무조건 항복한다. 이쯤에서 처칠의 위트가 생각난다. "정치가는 내일, 다음주, 다음달, 내년에 무슨 일이 일어날지 예측할 능력이 있어야 한다. 그 후 왜 그 일이 일어나지 않았는지 해명할 능력도 있어야 한다."

이 시트콤의 매력은 레알폴리틱*realpolitik*(현실정치)이다. 교육, 복지, 불리한 보고서 처리 방법, 부서로 온 편지에 답장하는 방법('고려 중'이란 편지를 잃어버렸단 것이고 '적극적으로 고려 중'은 편지를 찾으려 하고 있다는 뜻이다). 구체적이고 팩트가 살아 있으며 거기에 재미까지 있다. 저녁 먹으며 보기엔 아까운

드라마다.

이 드라마의 작가들은 실제 현역 정치가들에게 자문을 구했다고 한다. 마거릿 대처 또한 가장 좋아하는 TV 프로그램으로 이 드라마를 꼽았다. 데이비드 캐머런 전 영국 총리는 옥스퍼드대학교 학생 시절 〈예스, 미니스터〉를 비현실적인 풍자에 불과하다고 비판했다가 정치판에 들어온 다음 "드라마가 말한 그대로였다"며 과거에 했던 말을 정정하기도 했다. 결코 정치인을 보기 좋게 포장하지 않는 드라마를 즐긴다고 말하는 그들도 대단하다. 정치인이 외교 정책에 참견하려 하자 외무부 고참이 쏘아대는 장면이 있다. "자네, 차드의 수도가 어디인가? 말리의 공식언어는 무엇인지 아나? 카메룬의 국가종교는?" 하나도 답 못한다. "자네, 출마해도 되겠는데?"

놀랍게도 〈예스, 미니스터〉의 웃음은 억지도 없고 선동도 없다. 해커와 애플비를 비난한다면 잘못 이해한 거다. 과장되기는 했어도 현실적인 캐릭터이고 이들 역시 국가와 조직을 위해 최선을 다하고 있다. 이 드라마는 누구도 몰아세우지 않는다. 현실 사회에 대한 관심과 애정이 바탕이고, 그 속에 풍자가 있다.

아리스토텔레스가 그랬다. 정치인이 거짓말한다고 나무라는 사람은 못 배운 사람이다. 영국인들은 〈예스, 미니스터〉를 보며 기분 좋게 웃는다. 그 웃음이 부럽다.

2021.10.8.

여왕이 없는 나라

영국 1파운드 동전은 내가 제일 좋아하는 동전이다. 작고 두툼해서 손에 쥐어주면 그 매력은 누구나 알 수 있다. 흔히 '금화'라고 불리는 그 묵직한 느낌이다. 2017년부터 매력의 1파운드는 보통의 1파운드로 바뀌었다.

영국 동전의 또 다른 재미는 엘리자베스 여왕(1926~2022)의 변하는 모습을 한눈에 볼 수 있다는 것이었다. 이제 그것도 끝이 났다. 영국은 잘 알다시피 몇 남지 않은 입헌군주국가다.

《군주론》을 쓴 마키아벨리는 칼끝처럼 꿰뚫고, 날카롭게 지적했다.

"변화는 언제나 또 다른 변화를 위한 홈을 남긴다."

무언가를 애써 고치면 그 때문에 또 다른 문제가 따른다 할 수 있을 것이다. 이 지혜를 바탕으로 입헌군주제를 주장한

이들이 있다.

작가 C. S. 루이스(1898~1963)는 "헐뜯기보단 진단하고, 찬미하기보단 분별하라"고 했다. 그는 군주제를 옹호했다. 군주제를 부정하긴 쉽다. 하지만 인간이 왕을 섬기지 않는다면 백만장자, 운동선수, 영화배우를 섬길 것이라 했다.

영국의 보수 철학자 로저 스크루턴(1944~2020)도 '섬김'의 대상을 고민했다. 국가주의와 민족주의는 평화를 위협한다. 하지만 이를 억눌러선 안 된다. 충성을 바칠 무언가가 필요하다. 그것이 국왕이라 보았다.

좀 극단적인가? 하지만 보수주의자들만 입헌군주제를 옹호한 것은 아니었다.

좌성향 작가 조지 오웰은 스크루턴보다 50년 전 먼저 이 얘기를 꺼냈다. 오웰은 국왕이 민주주의 사회에서 '위험한 감정을 배출시킬 배기 밸브' 역할을 할 수 있다고 믿었다. 파시즘으로 이어질 수 있는 충동을 왕실이 해소한 것이, 영국이 히틀러나 스탈린 같은 인물을 피할 수 있었던 이유의 하나라고 말한다.

흥미롭게도 루이스도 윗글을 1943년에 썼다. 절대군주를 열망하며 쓴 글은 아니란 것이다.

영국 총리는 아직도 일주일에 한 번씩 국왕을 찾아가 국정에 대해 보고하고 자문을 구한다. 기자도 보좌관도 없는 자리에서 총리와 국왕은 둘만의 대화를 나눈다.

운이 좋게 태어났다 해서 혜택을 누리는 건 불공정하다 할 것이다. 그렇다면 경쟁을 뚫고 살아남은 자를 믿고 섬겨야 할까?

우리는 불편하고 피하고 싶은 사람을 가리킬 때 흔히 '정치적인 인간'이라 한다. 이 말은 이제 경멸을 담은 욕이 되었다. 반대로 좋아하는 영어단어 중 하나는 'dignity(품위, 격)'이다. 영국 여왕을 떠올리면 생각나는 말이다.

처칠, 클린턴(1946~), 만델라(1918~2013)도 여왕을 만났다. 그녀는 역사였다.

영국 동전엔 단아한 젊은 여성의 옆모습이 새겨져 있다. 시간이 흐르며 점점 목은 짧아지고 턱밑에 조금씩 살이 붙는 모습으로 바뀌었다. 머리 스타일만 달라지지 않았다.

어떤 사람은 그 자리에 있어주는 것만으로 균형을 잡아주고 그 균형은 아름다운 비례를 만들어 주기도 한다. 우리

세대에 더 이상 영국 여왕을 만날 일은 없어졌다.

2022.9.27.

V

남성미에 대하여

"나보다 여성을 흠모하는 남자는 없다.
나는 이를 증명할 영수증도 있다."

– 미국 작사가 앨런 제이 러너(1918~1986),
《내가 사는 거리The Street Where I Live》

V. 남성미에 대하여

처음으로 문 열어주는 자

유명 음악 칼럼니스트 유정우 씨가 카라얀의 탄생 100주년 기념 강의에서 말했다. "카라얀으로 시작하고, 카라얀을 욕하다가, 다시 카라얀으로 돌아온다"고.

나도 카라얀에 대해 할 말이 있다.

카라얀은 20세기의 명지휘자로 첫손에 꼽히지만, 상업적이라든가 아예 음악성이 떨어진다는 비판이 늘 따라다닌 사람이다. 그의 요트나 경비행기, 외모나 권력에 대한 집착, 스물셋 나이 차이가 나는 어린 프랑스 모델과 재혼한 사실 등은 카라얀을 '진지한' 예술가라고 보기엔 부적절한 요소들인지도 모르겠다.

1억 장 이상의 음반을 판매한 카라얀이지만, 엄청난 인기도 그의 가치를 보장하지는 않았다. 마치 코카콜라처럼. 지휘자 첼리비다케(1912~1996)의 말이다.

카라얀은 클래식 음악을 알아듣기 쉽게 대중화한 공이 크다. 보통의 지휘자도 마음만 먹으면 그럴 수 있다는 뉘앙스가 있지만 사실은 그렇지가 않다. 어느 이름난 학자가 학술논문을 밤새워 설명할 수는 있어도, 누구나 알아 듣기 쉽게 한 줄로 요약하는 것은 어려운 일이다.

다른 지휘자들이 얽히고설킨 골목 사이를 누비고 나아가는 이미지라면 카라얀은 날개를 힘껏 펼쳐 올라가 도시 경관을 한눈에 보여주는 그림새다.

카라얀 덕분에 난해하다는 브루크너(1824~1896), 바그너, 쉰베르크(1874~1951)의 매혹을 처음 맛보았다. 쉰베르크를 모차르트(1756~1791)처럼 들리게 하고 싶다던 카라얀은, 역시 고수다.

어느 고급예술이든 처음으로 문 열어줄 사람은 늘 필요하다. 타란티노 감독은 예술영화에선 장 뤽 고다르(1930~2022)가 이 역할을 했다고 말했다.

카를로스 클라이버(1930~2004)의 지휘는 음악적 디테일을 풍부하며 치밀하게 살려준다. 위대한 음악의 성숙함을 보여준다. 반면 카라얀은 완벽주의자라 불리지만 꼼꼼한 인상을 주지는 않는다. 다만 '정돈'되었다. 첼리비다케에 비하면 투박할 정도다. 그러나 카라얀만의 매력이 분명 있다. 쉽게

‘졸업’해 버릴 만한 예술가가 아니다.

그는 음악과 군대에는 딕타투어*Diktatur*(독재)가 필요하다 했다. 연주하는 오케스트라 단원들의 모양을 보면 실감할 수 있다. 필사적이다. 바다를 등지고 싸우는 것 같다. 지휘봉 밑에서 그들이 만드는 무시무시한 사운드는 콘서트라기보다는 전쟁의 연장 같다.

카라얀이 1968년에 감독하고 녹화한 베토벤 9번 영상이, 레니 리펜슈탈(1902~2003)의 선전영화를 연상시키는 것은 우연이 아니다. 어떤 이들은 거부감이 들 수 있겠다. 다른 명지휘자들이 고르디우스의 매듭을 신중히 풀어나가려 한다면 카라얀은 알렉산더의 칼처럼 매듭을 내려친다. 폭력의 경이로움이다.

아름답기로도 카라얀보다 더 관능적인 사운드를 만들어 낼 수 있는 지휘자는 없다. 인간의 원초적인 두 기둥인 타나토스와 에로스, 즉 죽음과 욕망이라면 이것을 소리로 구현한 지휘자는 카라얀이 유일하다.

음악이 음악을 뛰어넘은 무엇을 가리킬 때, 손에 쥐고 있는 책이 눈에 들어오지 않고, 글이 글에게로 관심을 강요하지 않을 때, 이게 이상주의다. 카라얀은 이상주의자였다.

카라얀은 단원들을 관리하고, 음반사들과 계약을 맺고, 협상하고, 사업하는 실용주의자였다. 전쟁을 지휘하는 장군과 같이, 오케스트라의 지휘자도 많은 운運이 필요하다. 자신의 영감과 지력으로만 치고 나갈 순 없다. 한 '인물'이 만들어지기 위해 운명의 수만 개 조각들이 맞물려 돌아가야 한다는 사실을 깨달을 땐, 카라얀은 사람이 아니라 하나의 운명으로서 경이로울 수 밖에 없다.

오랜 시간 카라얀에 대한 내 생각은 끊임없이 바뀌어 왔다. 카라얀의 매력은 매년 바뀐다. 지금도.

2020.12.4.

댄디

댄디, 댄디하다. 영어로 댄디dandy는 옷 잘 입는 사람, 옷에 관심 많은 사람을 가리킨다. 차려입지 않은 듯, 힘을 주지 않고도 멋스러워 보이는 사람, 이것도 댄디다. 댄디한 사람으로 18세기 영국인 '보 브러멜(1778~1840)'이 있다. 이 브러멜이 지금 우리가 입고 있는 남성 정장의 스타일을 만들었다.

댄디는 댄디즘dandysm을 만들었고, 문학 스타일, 삶의 태도, 미학, 예술인의 모습까지 일컫기에 이르렀다. 위티witty한 오스카 와일드, 보들레르(1821~1867), 흰색 플란넬flannel 바지를 입은 제임스 조이스(1882~1941)가 대표적인 댄디한 인물이라 할 수 있다.

오스카 와일드는 자켓 라펠 구멍에 해바라기를 꽂고 다녔다. 옷도 화려했지만, 재능은 사치스러울 정도로 돋보였다. 와일드가 옥스퍼드에서 시험 봤을 때 얘기다. 구두시험이었는데, 신약성서를 고대 그리스어로 번역하는 것이었다. 심사위원들은 와일드의 거침없는 번역을 보고 이만하면 됐다고 말

V. 남성미에 대하여

했는데도 그는 계속하길 원했다. 마침내 시험관이 단호하게 와일드에게 멈추라 했다. "조금만 더 번역하게 놔두시죠", 와일드가 부탁했다. "이야기가 어떻게 끝나는지 알고 싶은데요."

와일드를 의식해서였을까. 나는 다른 학생들이 파란색 잉크를 쓸 때(영국 학생들은 만년필을 쓴다. 일반 볼펜은 글씨가 예쁘게 써지지 않는다는 이유에서다. 여전히 내 글씨는 나도 못 알아볼 정도로 악필이지만 말이다) 초록색 잉크를 구해서 썼다. 교복의 흰색 셔츠도 '바이런'식으로 (와일드가 선호한) 넓은 카라 셔츠로 사입었다. 고깔을 쓴다 해서 수도승이 되는 건 아니라지만 말이다. "Cucullus non facit monachum." 오스카 와일드 소설에 이런 구절이 있다. "이 세상의 신비는 보이지 않는 것이 아니라 보이는 것에 있다."

위트, 댄디, 플란넬, 지금은 자주 쓰는 단어가 아니다. 사어死語가 되어버린 듯하다. 이 단어들을 무엇이 대체했을까.

댄디 하면 떠오르는 또 다른 인물로 조금은 생소한 영국의 20세기 연극평론가 케네스 타이넌을 꼽고 싶다. 케네스 피콕 타이넌. 1927년생이다. 자기 아버지의 성姓인 중간 이름 피콕peacock(공작새)에서 벌써 댄디의 냄새가 풍긴다. 타이넌은 영국 최고의 연극 평론가다. 적어도 내 생각엔. 뼈를 파고들게 잘 쓰고, 그 글 안에 통찰을 담았다. 내가 쓰고자 하는 글의 롤 모델이었다.

타이넌은 옥스퍼드에 입학하던 날 보라색 사슴가죽 슈트와 황금빛 새틴 셔츠를 입었다. 가난한 학생이었지만 고급식당에서 값비싼 식사를 한 후 잔돈의 짱그랑거리는 소리가 거슬린다며 길가에 동전을 호기롭게 던졌다. 이 현란한 제스처가 그에겐 '댄디즘'이다.

타이넌은 무섭게 일했다. 글 쓰고, 토론하고, 엄청난 분량의 책을 읽었다. 졸업 후 연극 리뷰를 모아 첫 책을 출간했는데, 그 당시 유명했던 천재 감독이자 배우인 오슨 웰스(1915~1985)를 서문을 써줄 사람으로 정했다. 안개 낀 날 파리의 다리 위에서 웰스를 붙잡고 책의 원고를 보여주며 서문을 써 달라 요구했다. 타이넌의 당돌함과 명석함에 반했을까. 웰스는 흔쾌히 서문을 써주었다. 타이넌은 1980년 쉰세 살에 폐기종으로 사망한다.

타이넌에 가까워지고 싶은 마음에 나는 옥스퍼드의 여러 칼리지 중에서도 타이넌은 물론 오스카 와일드도 몸담았던 모들린Magdalen 칼리지에 지원했다. 모들린 도서관에서 일하는 할아버지가 보라색 옷을 입고 큰 키를 휘청거리며 걷던 타이넌을 기억한다는 얘기를 듣고 얼마나 반가웠던지.

무엇보다 나는 타이넌처럼 글을 쓰려고 했다. 그가 했던 것처럼 옥스퍼드의 신문사에서 편집장도 하고 연극 리뷰도 썼다. 공모전에도 리뷰를 냈는데 영국 《가디언》의 평론가가 내 글을 보며 "우리 사이에 작은 타이넌이 있는 것 같다"라고 한 말을 듣고 뛸 듯이 기뻐하기도 했다. 공모전에서는 탈락했다.

멋은 삶의 좋은 동기가 된다. 멋지고 싶다면 추하고 싶지 않다는 것이다. 누군가 멋있다, 라고 말해주면 뒤를 돌아보게 된다. "문학을 알면 이롭다, 서로를 존중하는 것은 도리다, 공부해야 성공한다." 이 같은 말은 사실 와닿지 않는다. "문학을 알고, 존중하고, 공부하는 삶이 멋있다." 이렇게 말해주는 게 훨씬 설득력이 있고 간곡하다. 멋지게 살자. 설령 올라가서 차 버릴 사다리일지라도.

2021.6.25.

블레넘가에서 다우닝가 10번지로

처칠은 영국 보수의 상징으로만 알려져 있다. 그가 태어났던 블레넘궁은 천장이 성당처럼 높다. 직접 가서 보면 그 규모와 아름다움에 놀란다. 잘난 인물일수록 오해받기 쉽다. 소포클레스의 표현을 빌리자면 고귀한 사람에게 겨눠진 화살은 결코 빗나가지 않는다. 과녁이 넓기 때문이다.

처칠은 30년을 보수당에, 그전 20년은 자유당 소속의 진보적 개혁가로 있었다. 그는 최저임금 제도 도입을 위해 의회에서 열변했고, 1925년 재무장관으로 일할 때는 '과부 연금'과 '고아 연금'도 도입했다. 저소득층 지원에도 열심이었는데 "모든 사람이 이 섬나라를 진정 자기 집이라고 부를 수 있도록 할 것"이라고 확신하기도 했다.

보어 전쟁에서 포로가 되었던 경험 덕분이었을까. 교도소 수감자의 권리법안 개혁도 추진하면서 처벌과 감금의 값을 가볍게 여기지 않았다. 처칠은 정치가였던 자신의 아버지 랜돌프 처칠(1849~1895)처럼 '보수 민주주의Tory democracy'를 원했다. 계층의 장벽이 없는 보수주의 말이다.

처칠은 격식도 가벼이 부숴버렸다. 직접 디자인하고 즐겨 입었던 오버롤 스타일의 작업복 '사이렌 슈트siren suit'는 유명하다. 큰 포대를 연상시키는 이 옷을 입은 처칠은 마치 통통한 어린아이 같다. 처칠은 (남자)비서 앞에서 벌거벗고 일하기도 한 괴짜였다. 미국이 세계대전에 참전하길 기대하며 구애하기 위해 백악관에서 머물던 어느 날, 루스벨트 대통령(1882~1945)은 처칠의 침실 문을 여는 순간 처칠의 나체를 보고 만다. 처칠의 위트는 이 순간도 놓치지 않는다. "보시다시피 저는 미국 대통령님께 숨길 게 아무것도 없습니다!"

식사마다 풀코스를 고집했던 처칠을 소탈한 서민 지도자로 그리기엔 무리다(처칠은 특히 '테마가 없는 디저트'를 혐오했다고 한다). 처칠의 씀씀이는 말버러가家 후손임에도 불구하고 평생 빚에 시달렸다는 사실에서 짐작할 수 있다. 처칠을 보수와 진보를 품은 지도자라 하기에도 적절치 않다. 처칠은 말했다. "나는 양쪽 당 모두의 소속이었다." 그리고 덧붙였다. "다만 둘 다 똑같이 경멸한다"고.

처칠의 역설은 그의 정신의 넓은 폭을 보여준다. 휘트먼

시에 이런 구절이 있다.

> 내가 모순인가? 좋다.
> 그럼 나는 모순이다.
> 나는 거대하다,
> 나는 수많은 것들을 포괄한다.

물론 모순이 있다 해서 거대한 건 아니다. 가짜는 늘 진짜와 거의 같은 모습을 띠고 있다. 가끔 처칠을 전쟁광이라고 부르는 이들이 있다. 처칠이 보어 전쟁 중 종군기자로 일할 때 쓴 기사 한 줄을 인용해 그를 변명해 주고 싶다. "우리 시대의 지도자들과 계몽가들이 전쟁의 얼굴을 가까이서 보았다면, 평범한 보통의 사람은 전쟁의 얼굴을 보는 일이 결코 없을 것이다."

2022.6.14.

마이크로 리퀘스터

도움과 간섭은 다르다. 젊은이들이 피하고 싶은 '윗사람'이 있다. 일을 주어놓고 환영받지 못할 '도움'을 넘치도록 베푸는 사람이다. 이를 '마이크로 매니저'라고 한다. '마이크로 매니저'는 치밀하지만 오만하다. 정답을 알고 있다고 확신하기 때문이다.

어느 역사학자는 '처칠은 나이와 경륜이 쌓일수록 아랫사람들에게 결정권을 넘겼고, 히틀러는 반대로 모든 것을 직접 지휘하려 했기 때문에 그들의 결과가 뒤집어졌다'고 보았다. 히틀러는 본인만이 독일을 구할 수 있다고 생각한 것이다. 구세주도 마이크로 매니저일 순 없다.

하지만 사람들이 모르는 게 있다. 마이크로 매니지먼트는 주로 위에서 아래로 향하지만, 아래에서 위로도 가능하다는 것을. '젊은 사람들'은 간섭받는 것은 꺼리면서도 윗사람에게 하는 요구는 거침이 없다. 윗사람들은 실정을 모른다. 아래에서 얘기해 줘야 한다. 아랫사람에게 귀 기울여야 한다. 우리가 더 잘 안다.' 이런 생각도 일종의 마이크로 매니저다. 아니, '마이크로 리퀘스터'다. 윗사람을 믿는 것도 아랫사람을 신임하는 것만큼 미덕이다.

민주주의 사회라 할지라도 선출된 정치인에게 국민의 뜻을 매번 받들라 하는 것은 바람직하지 못하다. 우리는 우리를 대표할 정치인을 뽑는다. 그리고 그에게 우리의 의사를 위임하는 것이다. 국정의 문제를 매번 전 국민이 투표해서 결정하지 않는다. 그건 직접민주제다. 인구가 적었던 아테네 같은 도시국가에서나 가능했던 얘기다. 우리나라 헌법은 대의민주제를 기본으로 하고 있다. 국민투표의 위험에 대해선 브렉시트 때 영국에서 여러 번 논의되었었다.

약자는 강자를 오해하기 쉽다.

《인간적인 너무나 인간적인Menschliches, Allzumenschliches》에서 니체가 말했다. 당하는 약자의 입장에서 보면 강자는 잔인하다. 하지만 그는 생각보다 잔인하지도, 악랄하지도 않다. 강자 스스로 대단한 범죄를 저지른다고 생각하지도 않는다. 왕에게 하찮은 수준의 약탈이 거지에겐 살인이다. 이렇게 약자와 강자는 서로를 오해한다. 이런 관점의 엇갈림에서 마이크로 리퀘스터가 나타난다.

하지만 아랫사람이 따르고 싶은 인물이 되는 것은 순전히 윗사람의 몫이다. 일을 잘하면 되지 않을까? 그건 기본이다. 사람의 됨됨이에서 차이를 보여야 한다. 그래서 지도자 하면 무엇보다 교양이 중요하지 않을까 싶다. 지도자는 책, 서예, 음악 등 다양한 문화 분야에서 교양을 갖추는 것이 좋다.

단지 계급뿐이 아니라는 것을 보여야 한다.

알렉산더 대왕은 늘 베개 밑에 책을 두고 잤다 한다. 호메로스의 서사시《일리아스》였다. 또한 나폴레옹도 원정을 떠날 때면 천 권 분량의 '간이 도서관'이 함께 했다. 나폴레옹이나 처칠이나 사관학교에서 완성하지 못한 교양을 엄청난 분량의 독서를 하며 쌓았다.

패트릭 리 퍼머(1915~2011)라는 영국인이 있었다. 모험가였고 작가였으며 군인이었다. 2차 세계대전에서 고대 그리스어를 공부했단 이유로 그리스에 파병됐다(물론 고대 그리스어를 공부했다 해서 근대 그리스어를 구사할 수 있는 것은 절대 아니다).

어느 날 퍼머는 독일 장군을 생포했다. 그리고 며칠 후 그 독일 장군이 그리스의 아름다운 하얀 산맥을 보며 라틴어로

호라티우스의 시를 읊는 것을 우연히 목격하게 된다.

"보라, 소락테 산이 깊은 눈에 덮여 얼마나 희게 빛나는지 *Vides ut alta stet nive candidum Soracte*."

독일 장군이 끝을 흐리자 퍼머가 시의 나머지를 라틴어로 읊었다. 그러자 독일인은 파란 눈을 퍼머에게 돌리며 말했다.

"아, 그렇군요. 소령님*Ach so, Herr Major*!"

역시나!

2022.10.17.

남자의 권력

텃밭에서 자라는 채소는 배신을 모른다. 사료가 부족하다는 이유로 개는 주인을 떠나지 않는다. 내가 실수를 저지르길 기대하는 나무도 없다. '자연' 안에서 나는 권력자다.

스탠퍼드대학교 생물학 교수 로버트 새폴스키는 다른 사람의 얼굴만 보고도 그의 서열을 가늠하는, 권력에 민감한 동물이 인간이라 했다. 예를 들어 우리는 어떤 사람을 만나면 그의 인상이 지배적인지(시선이 흔들리지 않는다) 혹은 종속적인지(눈길을 돌리고 눈썹이 내려가 있다) 0.04초 만에 파악한다고 한다. 지위가 높으면 행복하고, 낮으면 불행하다는 단순한 얘기는 아니다.

인간에게 권력과 구속의 무게는 절박하고도 떨쳐버릴 수 없는 그 무엇이다. 원숭이도 자신보다 더 낮은 서열의 원숭이에게 '전위 공격성displaced aggression'을 풀 수 있을 때 건강하다고 한다. 권력을 행사할 때 쾌감과 안정감을 느끼는 것이다. 반면 서열이 가장 낮은 원숭이는 털을 손질해 줄 동무도, 멸시할

상대도 없으며, 옆에서 낮잠을 자는 원숭이를 보고도 위협을 느낀다. 이런 원숭이들은 대부분 혈압이 높고 면역력은 떨어져 있다.

'피로사회'를 벗어나고 싶은 마음은 너 나 할 것 없이 같다. 거주지와 삶의 방식이 달라져도 변화의 중심에 있는 마음은 그대로다. 권력에 대한 욕망은 변하지 않고 다만 대상을 달리한다.

고성 같은 저택에서 윤기나는 실크로브를 걸치고 큰 개 여러 마리를 거느린 나이 든 이탈리아 남자를 영화에서 본 적이 있을 것이다. 플랫캡을 멋지게 쓰고 한 무리 개를 이끌고 사냥하는 영국 남자도 영화에서 흔히 볼 수 있다.

남자는 외롭다. 커리어를 뒤돌아보는 나이가 되면 더 외롭다. 그래서 돈으로, 덩치 큰 개로, 실크잠옷으로 치장하는 거다. 아내도 자식도 직원도 더 이상 그의 권력을 두려워하지 않는다. 늙은 남자의 저택 넓은 거실은 복종밖에 모르는 개들이 채운다. 주인은 존중받는다고 착각한다. 남자의 권력이 흔들리는 순간이다.

유럽의 낭만주의는 불륜과 죽음과 예술과 영웅이다. 그들이 말하는 자연은 사람을 압도하는 태산, 폭풍, 깊은 계곡, 거친 힘이다. 반면 한국인의 자연은 꾸밈없고 욕심 없다. 사그라드는 꽃이고, 따뜻함이고, 길 위에 나뒹구는 은행알이다. 허무주의자들의 뒷방이다. 돈도 명예도 '덧없다'며 찾는 곳이라야 한다. 가책 없이 권력을 만끽하는 곳이라야 한다. 사람에게서 권력의 맛을 느낄 수 없다며 개나 고양이, 닭과 더불어 사는 삶에서 그 맛을 대신한다. 더 도덕적이고 더 자연스러운가?

진정한 '자연인'이 없다고 말하고 싶진 않다. 건너서 듣기로는 여러 해 전 맨발로 시골길을 누비고 다니는 남자가 있었다. 어렸을 때부터 가난했다고 한다. 움막집에서 살며, 숙제라고는 해본 적도 없고 준비물을 챙긴 적도 없었다. 중학교를 겨우 졸업했다. 서울로 올라와 몇 년 고생하다 고향으로 다시 내려갔다. 바람의 무게도 무겁다며 얇은 옷 하나 걸치고 떠돌아 다녔다. 어느 날 심장마비였는지 동사였는지 그만 객사하고 말았다.

대화 한번 해보지 않고 그의 삶과 생각을 헤아리는 것은 예의가 아닌 듯하다. 다만 하나 알 수 있는 것은 빛이 어둠에게 자리를 내어주듯이 권력에 대한 소원은 사라지는 게 아니고 자리를 옆으로 옮길 뿐이라는 것이다.

“인간은 모든 것을 욕망할 능력은 있고 가질 수 있는 능력은 없다”고 마키아벨리가 말했다.

이 끔찍한 격차를 어떻게 채울까.

2022.12.6.

Ⅵ

소소하지 않은 문학

"책보다 매력적인 가구는 없다."

– 영국 해군 제독 시드니 스미스 경(1764~1840)

정원사의 비극

해 질 무렵 차를 타고 반포대교를 건너고 있었다. 옆 차선에 트럭 몇 대가 나무를 운반하고 있다. 트럭 한 대에 한 그루씩 나무는 길게 눕혀져 이동 중이다. 어떻게 보면 미사일 탄두대를 연상시키기도 하고, 잠든 듯 누워 있는 모양이 지친 여행객 같기도 하다.

어렸을 땐 뭘 잡아먹고, 잡아먹히는 동물들이 매력 있었다. 요즘에는 침묵한 꽃이나 나무가 흥미롭다. 정원을 가꾸는 사람들도 좋다.

강희안(1419~1464)의 《양화소록》을 읽은 후 이런 마음이 더해졌다. 날마다 화초 기르는 것을 즐기던 강희안은 축적한 노하우를 기록으로 남겼다. 대체로 꽃은 물을 적당히 주고 햇빛만 쬐어주면 될 것 같지만, 저마다의 성질과 요구가 다르기에 이를 잘 살펴가며 돌봐야 한다는 것이다. 더불어 식물이나 사람이나 해쳐선 안 될 천성이 있다고 강희안은 말한다.

나무와 화초를 얘기하다 보니 생각나는 친구가 하나 있다.

내가 다니던 대학은 교정에 오래된 나무가 많았다. 바둑판무늬의 그림자가 지도록 나뭇가지로 시커멓게 덮인 좁은 숲길은 내가 특히 좋아한 곳이었다. 틈만 나면 찾곤 했는데 친구 중 하나는 풀이면 풀, 나무면 나무, 그 이름과 성질과 심지어는 나이까지 모르는 게 없었다. 누구나 알 법한 나무 이름 하나 제대로 대지 못하는 나로서는 심히 열등감을 느낄 수밖에 없었다. 그 이유 하나만으로도 난 이 친구가 남달라 보였다.

힘없고 말 없는 것을 귀중히 대하는 건 아름답다.

영국의 18세기 소설가 로런스 스턴(1713~1768)의 작품 《신사 트리스트럼 섄디의 생애와 견해The Life and Opinions of Tristram Shandy, Gentleman》에 등장하는 토비 삼촌은 마음이 고운 사람이다. 저녁 식사 내내 자기 음식 위를 맴돌던 파리를 손으로 잡더니 다시 놓아주며 말한다.

"저리 가라. 내가 너를 왜 해치겠느냐. 이 세상은 너와 내가 같이 살 정도 공간은 있단다."

물론 파리나 식물은 사람에게 무관심하다. 우리가 없어져도 파리는 날아다닐 것이고 빈집은 나무와 풀들로 무성해

질 것이다.

2차 세계대전 때 동유럽에서 독일 병사들은 집단 학살한 사람들의 무덤을 감추기 위해 그 위에 나무를 심었다고 한다. 또한 그런 땅에서 잘 자라는 게 나무다.

인간이 작은 생물을 보살펴 주고, 잡초와 화초를 구분하는 것은 자연에 대해 좋은 일을 하려는 게 아니라 우리의 깨끗한 마음을 비춰줄 거울이 필요해서다.

동생 강희맹(1424~1483)은 형인 강희안의 책을 내며 이렇게 덧붙였다.

"공이 세상을 떠난 지 9년 후인 계사년 봄에 그의 정원을 찾았더니, 아무도 가꾸지 않아 잡초가 우거지고 꽃과 나무는 망가져 있었다. 배회하면서 돌이켜 보니 감정을 주체할 수 없었다. 그래서《양화소록》유고를 찾아《진산세고》의 뒤에 덧붙이니, 후세에 이것을 보는 사람들이 공의 덕을 알고 공의 뜻을 안타까워 느끼는 바가 있었으면 한다."

– 강희안, 이경록 · 서윤희 옮김,《양화소록》(눌와, 2012)

600년 전 사람들 얘기다. 망가진 정원은 화초들의 비극이 아니라 정원사의 비극이다.

2018.9.21.

양갱을 들여다보자면

어렸을 땐 뭐든 단정해 버리기 쉽다. "나름 다르다", 이런 말은 밋밋하고 설득력이 없다.

방학 때 집에 돌아오면, 한국과 외국 생활을 비교했다. 한국에선 무엇이든 신속하고 편리하고 정확하다. 길도 시원스럽다. 영국은 오래되고 낡아 길도 좁고 불편하지만 아름답다. 풀과 나무는 짙푸르고 화려하다. 반면 한국의 색은 왠지 어둡다. 어린 나에겐 이 점이 특히 거슬렸다. 유럽의 색은 다채롭다. 사람들도, 심지어 하늘도, 잔디도 그렇다. 풀벌레도 자지러지지 않고 점잖게 우는 것 같았다.

'아름다운 건 서양이다.' 나는 그렇게 단정했다. 대학에서 들었던 '동양의 미와 예술' 같은 강의도 나의 이런 억지를 막지 못했다. 그럴 즈음 읽었던 책이 나쓰메 소세키(1867~1916)의 《풀베개》다. 나쓰메는 나처럼 영국 유학 경험이 있었다. 정확히 100년 전이다. 나쓰메도 동서양 사이에서 고민이 많았다. 이솝 우화에 나오는 박쥐처럼 쥐와 새 사이를 오갔다. 일본은 서구화되고 있었고, 나쓰메는 영문학을 공부했다. 그의 작품은 동양의 미에 대한 사유로 가득하다. 양갱을 바라보며 이런 생각도 한다.

> 서양 과자 중에서 이토록 쾌감을 주는 것은 하나도 없다. 크림의 빛깔은 약간 부드럽기는 해도 다소 답답하다. 젤리는 언뜻 보석처럼 보이지만 부들부들 떨고 있어 양갱만큼의 무게감이 없다. 백설탕과 우유로 오층탑을 세우는 짓은 언어도단이다.
>
> — 나쓰메 소세키, 송태욱 옮김, 《풀베개》(현암사, 2013)

동양의 아름다움을 처음 나에게 설득력 있게 보여준 글이었다.

감각적인 미, 서양뿐만 아니라 동양에도 있었다. 아니, 동양에 있었다. 양갱에도 있고, 양갱과 같은 어두움을 품고 있는 우리 할아버지 정원 석등 위에 자란 이끼에도 있다. 양갱 하나로 나쓰메는 내가 동양의 색깔을 바라보는 태도를 바꿔 놓았다. 마치 코페르니쿠스(1473~1543)가 우주의 축을 다시 잡았듯이.

서양의 색이 발랑 드러내놓은 색이라면 동양의 색은 감추고 여민 색이다. 무엇이 더 아름다운지는 순전히 개인의 취향이겠지만 양갱을 먹을 때마다 나는 나쓰메를 떠올리고 동양의 색을 음미하게 된다.

동시대의 일본의 또 다른 작가 다니자키 준이치로(1886~1965)도 동양의 색과 어둠을 얘기했다. 《음예예찬》이라는 작품에서 그는 말한다. 일본인은 원래 외광이 닿지 않는 어두운 구석의 맛을 선호하고 즐겼단다. 거무스름한 그림자. 그게 일본인의 색이라는 거다(혹은 동양의 색이다).

서양식 화장실은 하얀 타일로 바닥을 깔고, 밝은 전등불로 밝히는데 일본의 화장실은 어둡다. 굳이 화장실이 훤히 밝아 민망한 얼굴을 보지 않아도 좋겠다는 게 일본인의 생각이라는 거다. 또한 옻칠한 검은 그릇에 담긴 된장국의 깊은 색도 얘기한다.

이제는 드러내놓고 이게 내 '색'이다 말하는 색은 거북하고 부담스럽다. 나이를 또 먹은 거다. 이 글을 쓰면서 바흐(1685~1750)의 〈푸가의 기법〉을 듣고 있다. 이 곡보다 더 내 마음을 움직일 음악은 아마 없을 듯하다. 또 단정짓고 말았다.

어쨌든 동양 서양을 너무 따지면 민망하다.

2019.1.4.

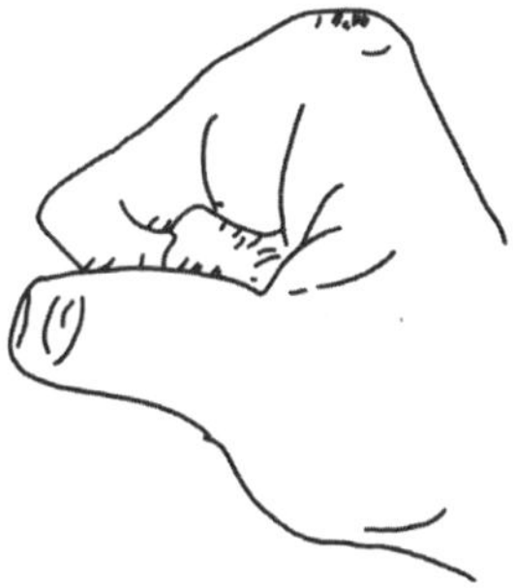

VI. 소소하지 않은 문학

《전략》, 나는 참회자이고 판사다

팰로앨토는 실리콘밸리와 매우 가까운 얌전한 동네다. 이곳에서는 일상 대화가 살짝 다르다. 처음 만난 사람도 바로 본론으로 들어간다. 대화라기보다는 추궁이다.

"당신의 전문 분야는 무엇인가."

"대표적인 개념 세 가지를 대볼 수 있는가."

"유익한 정보 고맙다."

나폴레옹도 이런 식의 대화를 즐겼다. 시간에 쫓기고 자기 개발에 에너지가 많은 사람의 전형이다. 팰로앨토나 IT 분야에서 일하는 친구 몇몇은 내게 고대 그리스 로마 문화와 역사의 정수essence만을 뽑은 책을 써보라 한다. 이런 인문서를 실리콘밸리가 필요로 한단다. 누가 그 많은 고서를 읽을 것인가. 핵심만 추려달라.

지식에 대한 갈구도 일종의 탐욕이다. 짐칸에 짐이 쌓일수록 전차는 더 무서운 속도로 질주한다. 궤도가 바뀌려면 짐을 덜어야 한다. 아니 모두 버려야 한다. 유익한 책이 아닌, 정직한 책이 필요하다. 카프카(1883~1924)는 말했다. 책은 재앙이 닥쳐오듯 써야 한다고. 외진 숲에 추방된 듯, 우리를 비통하게 해야 한다. 책은 우리 마음속의 얼어붙은 바다를 위한 도끼다! 아, 역시 카프카다.

정직한 책은 어떤 책인가. 작가의 생각을 진솔히 받아적은 책은 아니다. 모든 확신이 무너질 때까지 끌고 가는 자기 성찰이 있는 책이다. 진실로 진실로 정직한 사람이라면 못할 일이다. '정직한 책'이 있다면 거짓말쟁이가 썼을 것이다. 깊은 불편함, 가려움 때문에 참지 못하고 마지못해 나와야 한다. 갈대밭에 대고 왕의 귀는 당나귀 귀라고 어느 사내가 속삭이듯이 말이다.

《전락》이라고 쓰기보단 '라 슈트*La Chute*'라고 쓰고 읽혀야 소설의 맛이 나는 카뮈(1883~1924)의 80쪽 분량의 짧은 소설이 있다. 동시대 작가인 사르트르는 《전락》의 주인공 클라망스의 목소리에 카뮈의 목소리가 숨겨져 있다고 했다. 소설 속 클라망스는 약자를 돕는다. 동료들에게도 관대하다. 잘생겼고 일도 열심이다. 그는 자선에는 관심이 없다. 진실이나 지식에 대한 욕심도 없다. 그가 늘 원했던 것은 그를 향한 타인의 복종이다. 그가 즐겼던 것은 그의 우월함이었다. 사람들이 비참해할수록 그의 돕는 기쁨도 더해갔다. 마음을 다해 도왔다. 관대하게 용서도 했다.

그리고 잊었다. 이 열등한 인간들을 그는 쉽게 잊은 것이다. 친절한 얼굴과 정의로운 행동이 그에게 복종을 가져다준다는 것을 그는 알고 있었다. 하지만 어느 날 자기 자신의 이중성을 깨닫고 현기증을 느낀다.

클라망스는 죄책감에 빠지며 '전락'하는가? 아니다. 솟구치며 그의 인생 정점에 오른다. 자칭 참회자이고 판사라 했다. '당신의 얼굴도 나와 다를 것 없다.' 자신 스스로를 고발하고 보니 세상을 고발할 권리가 생겼다. 클라망스는 산꼭대기에서 사람들을 내려다볼 방법을 찾은 것이다. 그는 다시 행복했다. 마당으로 쿵하고 뭔가 떨어지는 느낌의 '멋진 소설'이다.

인간의 박애를 노래하던 카뮈에게 이런 면이 있었구나!

저속한 '보여리즘'의 문제가 아니다. 카뮈는 책 뒤에 숨어 있다. 클라망스는 살가죽을 거꾸로 뒤집는 마음으로 고해한다. 독자는 클라망스의, 참회자이자 판사의 의뢰인이다.

내가 어느 날 책방을 갖게 된다면 난 오로지 '정직한 책'과 '그러지 아니한 책'으로만 나누어 놓을 것이다.

2020.3.6.

독서하는 여름밤

늦은 밤에 어려운 책을 찾는다는 것은 낮에 일을 충분히 하지 않았다는 것이다. 힘이 남아도니 말이다.

여름방학이 되면 읽으려 작정한 데렉 파핏의 철학책이 침대 옆 의자 위에 쌓여 있다. 파핏은 천재 혹은 괴짜 철학자였다. 영국 옥스퍼드에 살았다. '연구 성과'와는 거리가 먼 학자였다. 출판 횟수로 따지자면 말이다. 그의 책은 《Reasons and Persons》 그리고 《On What Matters》 정도다.

굳이 도덕적인 삶을 살아야 하는가, 어떻게 살아야 한다는 객관적인 근거가 존재하는가, 내가 죽으면 '나'는 소멸되는가, 이런 태산같이 무거운 질문들을 해댄 사람이다.

파핏은 사소한 것에 매이지 않으려 매일 똑같은 메뉴의 식사를 했다. 그의 '효율적'인 삶에서 유일한 즐거움은 사진 찍기였는데, 그가 찍은 풍경 사진을 보면 사람은 없다. 파핏이 모두 편집해 지워버렸기 때문이다. 파핏에게 철학의 요령에 대해 묻고 싶다면, 그가 열아홉 살 학생에게 준 조언을 참고

VI. 소소하지 않은 문학

할 수 있다.

“소설을 많이 읽으며 씨를 뿌려라!”

나는 파핏의 책을 손가락으로 짚어가며 읽는다. 마치 난도 높은 퍼즐을 맞추는 것 같다. 이런 독서에서 나오는 기쁨은 이지적이다. 내 작은 방에서 기류를 타고 떠 있는 느낌이다. 칸트(1724~1804)의 철학을 읽으면 방에 불이 켜지는 것 같다고 누군가는 말했지만 말이다.

마틴 에이미스(1949~2023)도 읽는다. 에이미스는 영국 소설가이며 말재주꾼이다. 스물네 살에 《레이철 페이퍼스The Rachel Papers》라는 소설로 유명해졌다. 바이런(1788~1824)도 스물네 살 어느 날 아침에 위대한 작가로 눈을 떴다. 스물넷이라니!

에이미스의 에세이에서는 전혀 다른 성격의 퍼즐을 찾는다. 그의 글에선 언어의 소리와 의미, 운율이 기막히게 딱딱 들어맞는다. 어느 시인이 시는 완성될 때 상자가 닫히듯 ‘똑’ 하고 소리를 낸다 했는데, 정확히 여기에 맞는 표현이다. 에이미스의 글은 지나치게 리듬을 타는 까닭에 오히려 진실과 거리가 있어 보이는 게 흠이라면 흠이다.

플라톤 시절부터, 말이 달콤하면 수상쩍게 여겼다. 쾌락과 진실, 시詩와 철학, 오래되고 낡은 대립이다.

내가 알기로도 진실은 더 딱딱하고, 더 차분하고, 더 회색빛이다. 진실도 색과 감각이 있다. 깊게 파고들 여유가 없는 우리는 진실을 흔히 '감'으로만 가늠한다. 철학이나 소설에선 감으로밖에 다가갈 수 없는 것들이 있다.

그래서일까. 학생들에게 '인문학'을 가르친다는 것은 어떤 사실이나 원리를 알려주기보다는 섬세하고 낯선 감각을 키우도록 돕는 게 전부일 것이라는 게 내 생각이다.

흔히 길은 두 갈래로 나뉘는 것 같지만, 세 번째 길을 달리는 글이 가끔 있다. 독자가 읽기 편한 글일수록 알 수 없는 모순에 빠지게 하고, 친절하게 다가오는 것 같지만 멀리서 거리를 지킨다. 견고하다 생각했는데, 어느 순간 발아래서 문득 없어지는 글, 이게 고수다.

여름밤은 짧고, 책 읽는 마음은 급하기만 하다.

2022.8.23.

Ⅶ

질투는 정의의 옷을 입는다

"내가 오셀로였다면 나는 이아고가 아니었을 것이다.
나는 그를 섬기며 나 자신을 섬길 뿐.
심판자인 하늘 아래서 말하건데
나에겐 애정과 의무가 아닌
나만의 이익을 위해 그런 척하는 것이 딱이다.
(…) 나는 내가 아니다."

– 윌리엄 셰익스피어, 《오셀로》 1막 1장 56~64행

언어를 머리 빗듯이

기원전 5세기 역사가인 투키디데스는 그리스의 역사와 정치문화를 기록하고 분석했다. 유일한 그의 저서《펠로폰네소스 전쟁사》는 내란에 빠진 도시국가를 묘사한다.

질서는 무너졌다. 누구나 복수하고, 복수를 정의롭다 여겼다. 공공의 이익을 위해 정치적인 소신을 가지게 된 사람은 아무도 없었다. 같이 죄를 저질렀으니 죄인도 없었다.

여기서 투키디데스가 언어의 변질성에 대해 말하고 있는데, 이 의외의 지적에 주목하고 싶다. 그에 따르면 환경(혹은 시대)이 바뀌면 '언어의 지시 대상이 달라진다'는 것이다. 무모함은 용맹함으로, 신중한 자는 겁쟁이로 달리 불린다. 음모에 가담하면 강한 자가 되고, 그렇지 않으면 약한 자로 멸시받는다.

투키디데스는 더 나아가 말한다. 혼돈 속에서 다수의 평등한 권리를 약속하는 민주주의도, 귀족들의 지혜를 모아 만들어진 과두정치도 그저 텅 빈 단어들을 사용한 것 뿐이라고.

"그럴듯한 언어를 이용해 혐오스러운 일을 해내는 것이다."

이런 현상은 인간의 본성이 변하지 않는 이상 영원히 반복될 것이라며 투키디데스가 예언했다. 등줄기가 차가워진다.

1949년 영국의 작가 조지 오웰은 그의 마지막 작품 《1984》를 출간한다. 조지 오웰이 상상하는 전체주의 사회, 여기서 언어는 또다시 폭력의 산파역을 맡는다.

"전쟁이 평화이고, 자유가 예속이며, 무지가 힘이다."

언어가 변질되다 못해 궤변으로 흘러버렸다. 오세아니아(조지 오웰이 만든 가상의 나라)는 그렇게 스스로 정당화한 나라가 되었다.

이렇게 변질된 언어를 오래 듣고 믿으면 언어와 진실 사이의 괴리를 잊게 된다. 언어는 결국 닻 없는 배와 같이 떠다닌다. '정의'나 '진실'은 정의로운 것과 진실한 것에 더 이상 구속되지 않는다. 인간이 오히려 언어에 기만을 당한다.

'성자'라는 단어가 분별없이 쓰이는 것을 보고 조지 오웰은 〈간디에 대한 소견〉에서 "모든 성자는 무죄가 입증될 때까지 유죄다"라고 쓴소리를 내놓기도 한다.

무엇보다 위험한 것은 자신에게 속삭이는 말이다. 알고도 모르는 척 언어를 느슨히 이해하며 본인의 행동을 스스로, 그리고 남에게 강요한다. 자신의 이익을 위해 언어를 휘젓고 있다.

한 사람만 더 소개하자.

C. S. 루이스의 《스크루테이프의 편지》를 보면 이런 이야기가 나온다. 사람들은 자주 "내 시간은 소중하다" 아니면 "내 몸은 내 마음대로"라고 말한다. 얼핏 들으면 논쟁이 필요 없는 말 같아 보인다. 하지만 여기에서 '내 것'이라는 말을 자세히 살펴보면 그렇게 당연한 얘기는 아니다. '나의 몸'을 '나의 신발'과 같은 소유의 개념으로만 이해하는가? '나의 신발', '나의 강아지', '나의 어머니', '나의 신'은 어떤가? '내 것'이라는 이유로 함부로 훼손하고 사고팔 수 있는 것일까. 쉽게 말하면 나의 신발은 '함부로' 처분할 수 있어도, 나의 몸은 (나의 것이라 할지라도) 함부로 할 수 없는 것과 같다.

이렇게 '나의' 언어는 왜곡된다. '민주주의에 따르면'이라고 말할 때 민주주의가 선호하는 행동을 얘기하는 것인가, 아니면 민주주의를 보존하는 행동을 얘기하는 것인가. 이 두 가지 의미가 같을 것이라는 보장은 없다고 아리스토텔레스가 오래 전에 지적했다.

자신의 언어를 머리 빗듯이 성찰할 시간이 있는 사람은 많지 않다. 하지만 말을 뱉기 전에 멈칫하는 정도는 누구나 할 수 있다.

2019.2.8.

그의 청중은 누구였는가

인문학의 중요성을 많이들 얘기한다. 깊이 있는, 감성이 풍부한, 내면의 가치를 중시하는 사람을 만든다던가?

어느 기자가 유대인계 바이올리니스트 나탄 밀스타인(1904~1992)에게 물었다.

"뛰어난 바이올리니스트들 중에 유대인들이 왜 이렇게 많은 거죠?"

밀스타인이 차갑게 답했다.

"저는 바이올린 못 켜는 유대인들도 많이 압니다."

요즘 인문학의 추세는 흔히 짐작하는 인문학과 많이 다르다. 내 주변의 인문학을 공부하는 학생들을 보면 낭만과도 거리가 멀다. 여유롭게 고전을 읽으며 영감을 받고 공부하기보다, 작품의 역사적 배경과 객관적인 근거를 바탕으로 한 '과학적' 해석을 주로 한다. 이를테면 이 작가는 어떤 대목에서 이런 말을 했는가? 그의 청중은 누구였는가? 그는 누구의 생각에 어떻게 답을 했나?

인문학은 사람을 소중히 다루기도 하지만, 그보다는 말의 무게를 진지하게 재는 학문이다. 어떤 말도 정립해야 할 뒷이야기가 있다. 인문학은 말을 두텁게 해석하는 데 매력이 있다 할 것이다.

인문학을 공부하지 않아도 정의, 도덕, 사랑의 가치에 대해서 얘기할 수는 있다. 하지만 이런 것들을 논하는 자를 경계하기 위해서 인문학이 필요하다.

루마니아의 차우셰스쿠 공산 독재정권(1967~1989) 시절 방송되었던 한 비디오 자료를 우연히 보게 되었다. 어느 작가가 차우셰스쿠 정권의 자비로움과 공정함을 칭송했다. 얼마나 아름답고 간절한지 마치 한 편의 시를 낭독하는 듯했다. 감성이 넘쳐 눈물이 나올 것 같았다. 누가 봐도 위험한 순간이다.

진실을 들춰내겠다는 자들을 두려워해야 한다.

음모론자들의 첫 번째 무기는 숨겨진 진실을 파내고 싶다는 유혹에서 시작한다.

이런 이유에서 비트겐슈타인은 프로이트(1856~1939)의 꿈 해석은 위험하다 주장했다. 숨겨져 있던 의미를 밝힌다는 약속 자체가 듣는 이를 솔깃하게 만들기 때문이다. 나비에 대한 꿈이 아니라, 나비가 상징하는 무엇에 대한 꿈이라니까 더 매혹적이지 않은가. 해석은 어느 때이고 달라질 수 있고, 그래서 위험하다.

인간의 본성을 따른다는 자들도 경계해야 한다. 위험한 죄를 짓거나 잔혹한 행위 후 그것들을 변명하며 자기 연민에서 나온 말에 불과하기 때문이다.

"동물적인 본능을 따르는 것뿐이야."

"인간은 본래 추하고 이기적인 짐승이지."

"긴박한 상황에서 본성이 드러나는 거야."

라며 합리화하기에 바쁜 말들을 얘기한다.

하지만 철학자 버나드 윌리엄스(1929~2003)가 지적했듯이, 우리가 왜? 굳이? 긴박한 상황을 상상해야 하는가.

보통의 인간은 대부분 질서 잡힌 사회에서 안정적인 삶을 살고 있다. 이를 99퍼센트라고 보면 된다. 바다에서 표류하며, 짐승과 다름없는 야만스러운 행동를 할 만한 극한 상황은 1퍼센트에 불과하다. 이런 1퍼센트의 상황을 두고 인간 본성 운운하는 건 설득력이 없다고 본다. 물론 근거도 없다.

선택받은 인물들일수록 높은 이상을 두고 살았다. 대부분의 사람은 땅을 보고 살지만, 누군가는 별을 바라보고 있다. 이도 특권이라면 특권이다.

인문학만으로 인물을 만들 수는 없다. 하지만 다행인 것은 인문학이 가짜를 가려낼 수 있는 분별력을 키워줄 수 있다고 믿는다.

별이 멀어지는 가을이 왔다.

2019.9.6.

로코와 그의 형제들

루키노 비스콘티(1906~1976) 감독의 1960년 작품 〈로코와 그의 형제들〉은 오랫동안 보고 싶던 영화였다. 이탈리아 남부 루카니아 지방에서 시골의 고향을 떠나 북쪽의 부유한 대도시 밀라노로 이주한 어느 가난한 가족 이야기다. 아버지는 이미 돌아가셨고, 어머니와 다섯 형제 비첸조, 시모네, 로코, 치로 그리고 루카가 있다.

고향에선 본 적도 없는 하얀 눈이 내리자 눈 치우는 일이 생겼다며 기뻐하는 다섯 형제들은 밀라노에 자리를 잡아간다. 둘째 시모네는 곧 여자와 사랑에 빠진다. '늑대 이빨'을 가진 그는 복싱을 배우고 경기에도 나간다. 그러나 시모네는 방탕해지고 애인에 대한 집착은 그의 삶을 벼랑으로 몰고간다.

셋째 로코만이 그런 형을 참아낸다. 로코 역은 당시 스물다섯이었던 알랭 들롱(1935~)이 맡았는데 이보다 더 나은 배역은 없을 듯싶다. 순수한 로코는 엄청난 너그로움으로 가족을 위한다. 형의 여자를 사랑했지만 가족이 절대적으로 우선

인 로코는 여자를 떠난다. 아니, 버린다. 형을 위한 그의 희생은 아름다워 보인다. 하지만 불운은 계속된다. 질투에 고통스러워하던 형 시모네가 여자를 살해하고, 온 가족이 시모네를 비난하지만 로코는 짐승처럼 울부짖으면서도 형을 감싼다.

로코처럼 우리는 '우리 가족'이라면 마음과 이성이 허물어진다. 이를 두고 조지 오웰은 〈내셔널리즘 비망록〉에서 꼬집는다. '민족주의 비망록'이라 잘못 번역되기도 하는 이 작품에서 오웰은 민족주의가 아니라 내셔널리즘을 얘기하는데, '특정집단이 절대로 옳다'고 믿는 자들이 바로 내셔널리스트라는 것이다. 게다가 이들은 자신이 선택한 조직의 이익과 우월에 집착하고, 범죄도 '우리 편'의 행위라면 덮어버린다. 오웰이 말하는 '내셔널리즘'은 국가에 충성하는 것만이 아니라 공산주의, 시오니즘, 반유대주의, 트로츠키주의, 평화주의, 백인우월주의 등이 모두 포함될 수 있다.

악법이라 비난하다가도, 합법적이니 괜찮다 하고, 학술논문을 들먹이다가, 이론과 실제의 차이를 얘기하고, 다른 나라들의 전례에 호소하다가 우리나라의 특수한 상황을 고집한다. 어떤 행동의 정당성이 중요한 게 아니고 우리편이냐 저

편이냐가 가름의 기준이 된다. 판단의 힘이 여름날의 선로처럼 휘어버렸다.

소수 사람의 문제가 아니다. "우리 모두는 로코다." 로코와 같이 '우리 가족'이라면 죄도 더 이상 죄가 아닌 것이 되었다. 오웰은 편향을 인정하는 정도가 최선이라 했다. 균형 있게 판단할 수 없는 현대의 사람들을 탓하지도 않았다.

이런 이유로 플라톤은 객관적 진실을 확고히 하고자 했다. 제 입맛에 맞춰 논증을 가져다 붙이는 것에 플라톤은 질려했다. 감정에 호소하지 않고 이성으로 입증할 수 있는 진실을 확립하길 원했다. 서양철학의 기원은 인생의 불가사의한 의미에 대한 사색이 아니라 바위같이 묵직한 진실을 하나라도 확립하고 싶어 하는 마음에서 왔다 할 수 있겠다.

2020.10.23.

소유한다, 그러므로 존재한다

어느 가난한 농부가 밭을 갈고 있는데 그의 앞에 짓궂은 도깨비가 나타난다. 그리고 제안한다,

“원하는 것이 있으면 무엇이든 말해보라. 다만 조건이 있다. 네가 말한 그 소원의 두 배를 너의 이웃에게 줄 것이다.”

농부는 짧은 고민 없이 교활한 미소를 띠며 바로 답한다,

“내 눈알 하나를 빼가시오!”

불평등과 소유의 갈등은 인류의 역사보다도 깊다. 이웃이 얼마나, 무엇을 가졌느냐가 늘 궁금하다.

원숭이라고 다르지 않다. 원숭이 한 마리가 오이를 맛있게 먹고 있다. 그런데 바로 옆 우리 안의 이웃 원숭이가 포도를 받아먹는 것을 본다. 순간 원숭이는 오이를 우리 밖의 연구원에게 던져버린다. 더 이상 오이가 달지 않은 것이다.

가까운 누군가와 비교하면 불행은 늘 따르는 법이다. 이 원숭이의 억울해하는 분노의 표정이 인간 역사의 얼굴이다.

불평등한 운명을 지니고 태어나는 것으로 치면 인간에

비할까? 이를 불평하는 인간에게 바울은 로마서 9장에서 신의 입을 빌려 답한다.

"진흙으로 어떤 용도의 그릇을 만드느냐 하는 것은 도공(곧 신)의 마음이다."

이건 대답이 아니다. 답이 없다.

《국가》에서 소크라테스도 소유의 불편함을 얘기한다. 늘 소유가 문제다. 다툼은 내 것과 네 것을 가르는 데서 생긴다고. 하나로 된 국가를 만들기 위해서 불평등을 없애고자 했다.

'같은 일을 보고도 어느 사람은 기뻐하고 어느 사람은 좌절하니 사회에 분열이 있다'고 소크라테스는 생각했다.

내 것, 네 것을 나누는 소유제도를 아예 없애면 어떨까?

그리고 한발 더 나아간다.

불평등의 진정한 원인은 '가족'에 있다고 보았다. 가족을 해체하면 어떨까? 남자와 여자는 자유롭게 사랑하고, 그렇게 태어난 자식은 나라가 키울 것이다. 남편이나 아내는 없고, 내 자식이 누군지도 모른다. 불평등의 벽이 허물어진다. 소유가 공평하니까 그리스 시민들은 모두 행복해 할 것이다.

아리스토텔레스는 달랐다. 소크라테스의 주장을 진지하

게 받아들였지만, 명쾌하게 비판했다. 그는 인간은 원래 '내 것을 좋아하는 속성'이 있다고 보았다.

타인을 사랑하고 아끼는 데에는 두 가지 이유가 있다. 내 사람이어야 하고 나에게 소중해야 한다. 더불어 소유가 없으면 내 것이 없고, 내 것이 없으면 베푸는 것도 할 수 없는 행위다. 없는데 무엇을 준단 말인가. 베푼다는 것은 소중한 그 무엇을 내주는 행위다. 베풂은 소유를 전제로 한다. 베풀 때 인간은 기쁨을 느낀다.

소크라테스가 말하듯 모두가 내 아이라면(아이를 공유한다면), 진정 내 자식같이 여겨지는 아이는 한 명도 없을 것이다. 한 평의 정원도 내 것일 때 열심히 가꾼다. 1000명의 사람들이 1000평의 땅을 소유한다면?

'주인이 많을수록 관심을 덜 받는다'는 것이다.

'소유'의 개념은 인간을 늘 고민하게 만들어 왔다. 모호하니까 피로하다. '내 것'과 '네 것'의 문제라고 생각하면 쉽다. 아리스토텔레스처럼 머리가 좋은 철학자는 문제를 깨끗하고도 정확하게 꿰뚫은 사람이다.

"모호한 언어는 선동가들이 좋아한다." 비트겐슈타인도

존경했던 오스트리아의 작가 카를 크라우스(1874~1936)가 한 말이다. 그리고 경고했다. 행위가 언어 밑에 숨어 있다고. 칼 크라우스는 명확한 언어를 지키기로 유명했다. 그에겐 그것이 도덕이었다.

2차 세계대전 후, 프랑스는 독일에 협력한 자들을 '정화*épuration*'라는 이름으로 처형했다. 그것은 살인이었다. 오스만 제국은 '포기된 재산*emvâl-i metrûke*'이라는 이름의 법을 만들어 아르메니아인들의 재산을 재분배했다. 약탈이었다. '소유'니 '정화'니 '포기된 재산'이니, 이 모두 우리를 너무나도 피로하게 하는 무거운 언어들이다. 살아 있어 느끼는 무게지만 말이다.

깊이를 헤아릴 수 없는 소유의 욕망은 어찌할 것인가는 여전히 풀어야 할 인간의 숙제로 남는다.

2021.1.29.

Ⅷ

원칙보다 변칙

"예수도 부처도 소크라테스도 책을 쓰지 않았다. 삶을 논리적인 과정과 맞바꿈하지 않길 원했기 때문이다."

– W. B. 예이츠(1865~1939), 《자서전The Autobiography》

괴짜의 가치

영국에서 출판되는 백과사전이나 〈Who's Who〉 같은 인물사전을 보면 '괴짜'로 분류되는 사람들이 있다. 영어로는 엑센트릭eccentric이다. 브리태니커를 열어보자.

1. 찰스 스탠호프, 스탠호프 백작 3대손, 1753년 8월 3일 영국 런던에서 태어나 1816년 12월 15일 켄트에서 사망. 급진주의 정치가이자 저명한 실험과학자였으며, 정치와 과학 분야에서 뛰어난 괴짜였음.

괴짜였다고 당당히 밝히고 있다. 영국에선 괴짜도 서열이 있다.

2. 프레드릭 윌리엄 롤프, 필명 코르보 남작, 1860년 6월 22일 영국 런던에서 태어나 1913년 10월 25일 이탈리아 베니스에서 사망. 작가이자 괴짜.

코르보 남작은 아예 직업이 '괴짜'였다.

영국은 괴짜 인구의 밀도가 높아서도 놀랍지만, 괴짜를 공공연히 마치 '직'으로 인정하는 게 더 놀랍다. 물론 누구나 쉽게 괴짜로 알아주는 건 아니다. 내가 영국에 있는 동안 괴짜 유망주를 몇명 알고 지냈지만 끝내 괴짜로 남는 사람은 없었다.

영국은 괴짜를 사랑하는 나라다. 펑크punk의 본거지도 영국 아닌가. 《80일간의 세계일주》를 쓴 프랑스 작가 쥘 베른(1828~1905)은 어떤 별난 남자가 세계를 80일 만에 완주하러 나설까 고심하다가, 당연히 '영국인'이라고 결론짓고 소설 속 주인공을 영국인으로 설정했다. 코난 도일(1859~1930)의 ('영드'로 더 유명해진) 《명탐정 셜록 홈즈》의 주인공 '홈즈'도 남과 어울리지 못하는, 자기 세계에 갇힌 대표적인 괴짜다.

영국에서 나도 괴짜 몇 명을 만났다. 우선 초등학교 때, 자연과학 말곤 어떤 것도 믿지 않겠다고 말하는 친구가 있었다. 눈은 조그맣고 입술은 얻어맞은 것처럼 늘 부풀어 있었다. 운동도 못하고 어눌해 누가 봐도 우스꽝스러웠지만, 워낙 특이한 그를, 친구들은 부러움 반, 놀리는 마음 반으로 그를 '대표 과학자'로 인정했다. 다른 아이들이 축구 시합을 할 때 그는 축구장 끝에 서서 보란듯이 책을 읽었다. 이 녀석은 기네스북에 어떤 새로운 기록이 세워졌다든지, 무슨 딱정벌레가 어디에 사는데 이러이러한 특성이 있다는지 하는 식으로 잡다한 지식이 많았다. 어떻게 그렇게 박식한지 비결을 물어본 적이 있었는데, 자기는 동물 다큐멘터리 전문 채널 '애니멀 플래닛Animal Planet'을 즐겨 본다고 답했다. 괴짜다웠다. 더 재밌는 건, 그렇게 많은 책을 읽고 학구적이었는데도 성적은 별로였다. 지금은 뭐하고 지낼까?

중학교 땐 어린 나이에 주식투자에만 골몰한 친구도 있었다. 범생이같이 생겼으나 (그 역시) 공부를 못하는 비극적인 녀석이었는데, 5파운드(당시 한화 1만 원 정도)만 투자하면 두 세 배로 늘려준다고 유혹했었던 게 기억난다. 원금은 무조건 돌려준다는 말에 5파운드를 투자(?)했다가 다시는 그 돈을 보지 못했다. 사기꾼은 아닌 것 같았던 그 친구, 결국 케임브리지대학교에서 경제학을 공부하게 됐다.

영국의 괴짜들은 자신이 괴짜인 것을 안다. 그리고 그것을 자랑스럽게 메달처럼 지니고 괴짜 이미지를 가꾼다. 옥스퍼드대학교에선 괴짜와 천재들을 만날 기대가 워낙 큰 탓이었던지, 어설픈 가짜도 많이 보았다. (옥스퍼드 출신인) 오스카 와일드를 흉내내며 아포리즘을 늘상 내뱉는 친구도 있었고 ("나는 이 세상을 지루한 사람과 지루하지 않은 사람으로 나누기로 결정했어" 따위), 기숙사에 반려동물 원숭이를 반입하려다 실패한 친구, 특히 에벌린 워(1903~1966)의 소설 《다시 찾은 브라이즈헤드Brideshead Revisited》에 등장하는 인물을 모방하여 소설에서 등장하는 칵테일만 주문하는 친구도 있었다. 나 역시 옥스퍼드의 낭만을 살려보려 한두 번 무리한 짓도 했다. 제임스라는 친구와 어느날 옥스퍼드 시내에 비싸고 오래된(150년 되었다) 랜돌프 호텔에 이른 아침부터 찾아가 격식 있게 화려한 아침을 먹고는 점심과 저녁을 굶은 기억도 있다. '괴짜'의 삶은 늘 퍼포먼스에 가깝다.

또 하나 생각나는 녀석이 있다. 옷차림이나 분위기는 이제 나이 들어가는 오십 대, 얼굴 생김새나 체격은 꼭 열두 살 아이 같은 외모가 유난한 청년이었다. 특히 자그마한 두더지 앞발 같은 손이 생각난다. 토론 모임에서 그는 빛이 났는데 특이한 생김새에 뒤지지 않는 실력을 보여주었다. 예상밖의 통찰력, 반박할 수 없는 논리, 흐르는 말투와 다양한 비유. 완전히 다른 사람이 된 듯했다. 그는 빨간 포피(양귀비꽃) 모형을 자켓 라펠 구멍에 늘 꽂고 다녔다(보통 11월 11일 1차 세계대전 기념일을 앞둔 몇 주에만 영국인들은 이 꽃 모형을 착용한다).

괴짜 하면 옥스퍼드의 교수들을 빼놓을 수 없다. 영국 대학들도 기업화되며 괴짜 교수들이 점차 사라져 가지만, 몇몇은 전설처럼 입소문을 타고 전해져 오고, 몇몇은 아직도 가르치고 있다. 어떤 교수는 일대일 강의('튜토리얼')를 욕조 안에서 샴페인을 마시며 하곤 했다(교수는 욕조 안, 학생은 욕조 밖). 또 어떤 교수는 학생이 방에 들어오려 문턱을 넘어서려는 순간 불쑥 학생을 향해 럭비공을 던지곤 했다. 뇌의 순발력 이전에 공 잡는 순발력을 시험했을까. 질문을 금지하기로 유명한 교수도 있었다. 학생이 질문을 하면 무섭게 쳐다보며 결코 대답하지 않았다 한다. 다만 잘못된 정보는 바로 정정했다. "크롬웰이 15일에 뉴마켓에 있었나요?"가 아니라 "크롬웰은 15일에 뉴마켓에 있었다"라고 하면 "크롬웰은 17일에 있었던 것 같네"라고 응답했다나.

괴짜 교수, 내 기억 속에 가장 깊이 남아 있는 분이 있다.

괴짜라기보다는 진지하고 허영 없는, 칠십 대의 노교수. 은퇴하고 지금도 계속 학생들을 가르친다. 매일 아침 일찍 교수사무실에서 명상하듯이 책을 읽으며 하루를 시작하는 분이었다. 방학이 되면 스코틀랜드의 인적이 없는 별장(이라기 보다는 코티지)에 가서 숨듯이 지냈다. 그 절제된 겉모습 안에 어떤 삶이 있을까 늘 궁금했다. 하지만 가까워지기엔 나는 수줍고 뭔가가 부족했다. 아니, 일단 게을렀다. 큰 후회의 하나다.

2018.11.30.

새로운 인간

고대 아테네인들, 그들도 인간에 불과했다. 소소한 욕망에 평생 연연하다가, 억울해하기도 하고, 단념하기도 하고, 결국 사라졌다. 한 아테네 시민은 전쟁에 나가기에 앞서 지인에게 부탁한다. 돈을 좀 맡길 테니, 혹시 그가 전사하면 자기 자식들에게 넘겨주라고. 물론 부탁받은 이는 그 돈을 모두 써버렸고, 몇 년 후 아버지도 돈도 잃은 자식들에게 고소당한다. 요즘 같으면 신문에도 실리지 못할 얘깃거리다. 몸이 불편한 어떤 아테네인 이야기도 있다. 이 이는 장애인으로 나라에서 연금을 받는데(하루에 1'오볼'을 받는다), 이웃이 어느 날 항의한다. 이놈은 장애인도 아니고, 연금을 탈 만큼 빈곤하지도 않고, 그냥 자만하고 비열한 놈일 뿐이라고. 그러면서 그가 파렴치하게 말을 타고 다니는 것도 봤다며 고자질한다. 그러자 장애를 앓는 이가 항변한다. 목발을 짚고 걷기 불편해서 친구의 말을 가끔 빌리는 것이라고. 듣기 불편한 변명이다. 요즘은 이런 파렴치한 사람이 낯설지도 않다.

리시아스 같은 아테네 웅변가들의 법정 연설들 덕분에 남겨진 사건, 사고들이다. 아테네 시민들 일상 속의 욕심과 실망의 기록이다.

아테네인들도 경쟁과 성공에 목숨을 걸었다. 그들을 열광하게 하던 알키비아데스라는 정치가가 있었다(소크라테스의 동성애인으로 알려져 있다). 잘생기고, 비열하고, 무모하고, 기발하고, 폭력적이고, 돈 많고, 낭만적인, 대중의 고민 없는 선망을 받기에 완벽한 남자였다. 아테네 최고 가문 알크메오니다이 출신으로, 페리클레스와는 친족이다. 알키비아데스의 일화다. 어렸을 때 길가에서 친구들과 공기놀이를 하고 있었다. 마침 알키비아데스 차례가 됐는데 누군가 마차를 끌고 와선 비키라고 고함질렀다. 다른 아이들은 놀라 도망쳤지만 알키비아데스는 길에 드러누웠다. "지나가 볼 테면 지나가 보시지!" 어렸을 때부터 자신감 하나로 뭉쳐져 있음을 알 수 있다. 어느 날은 책을 빌리러 선생 집에 찾아갔다가 서재에 호메로스 책 한 권이 없는 것을 보고, 실망하여 선생 얼굴을 주먹으로 때렸다는 일화도 있다.

무엇보다 그는 잘생겼었다. 플루타르코스《영웅전》의 알

키비아데스 편을 보면 소개가 간결하다. 곧바로 외모 얘기다. 가을 저녁, 해 저무는 아름다움도 아름답다고 하지만, 흔히 있는 일이 아니다. 알키비아데스는 어렸을 때도, 청년기에도 어른이 되어서도 모두 아름다웠다고 전해진다. 그의 걸음걸이, 말투까지 트레이드마크가 되어 젊은이들은 그를 모방하려 애썼다. 알키비아데스의 아들조차 아버지를 흉내내려 목을 살짝 기울이고 걷거나, 혀가 짧은 듯이 발음했다 한다. 아쉽게도 현재까지 전해진 알키비아데스의 흉상은 없다. 후대사람들이 상상해 만든 작품뿐이다. 페리클레스의 흉상은 있다. 머리가 비정상적으로 길쭉했는데, 흉상을 보면 헬멧이 머리에 살짝 얹혀져 있다. 그리스인들도 지금의 우리만큼 외모에 민감하고 관심을 가졌나 보다.

외모가 궁금한 인물이 역사에 몇몇 더 있다. 19세기를 휘어잡았던 '미친, 나쁜, 알고 지내기 위험한mad, bad and dangerous to know' 사람이라 불린 시인 바이런 경이다. 애인 캐롤라인 램(1785~1828)이 남긴 영국 역사에 손꼽히는, 악명 높은 연애 후기다. 동시대 시인 새뮤얼 테일러 콜리지(1772~1834)는 바이런의 얼굴을 보고는 편지에 이렇게 썼다. "얼굴이 너무나도 아름답다. 이런 얼굴을 본적이 없다. 그의 눈은 활짝 열린 태양의 관문이다. 빛으로 만들어지고, 빛을 위한 것이다."

시인 월터 스콧(1771~1832)도 바이런의 살빛은 희고 투명한 알라바스터 돌 속에서 불빛이 비치는 것 같다고 했다. 존 키츠(1795~1821)는 바이런같이 키 180의 귀족이 아니라며 절망하기도 했다(키츠는 150이 살짝 넘었다). 바이런의 시신은 관 속에 잠겨 있지만 방부 처리가 되어 거의 완벽히 보존되어 있다 한다. 죽기 전에 그의 얼굴을 한번이라도 보고 싶다.

알키비아데스도 바이런도 외모와 이미지를 만들고 부지런히 갈고 다듬었다. 알키비아데스는 볼을 부풀리고 얼굴을 찡그리는 게 싫다며 관현 악기 불기를 거부했다 하고, 바이런은 책에 실릴 자신의 초상화에 민감했다. 한번은 자기 흉상을 보고 '행복해 보인다'는 이유로 조각가를 질책하기도 했다.

아테네의 젊은이들은 알키비아데스처럼 호화로운 마차들을 소유하고, 여자들을 모으고, 신과 같은 몸과 얼굴을 갖길 원했다. 이런 사람들 사이에서 전혀 다른 인물이 얼굴을 드러낸다. 소크라테스다. 그는 굉장한 추남이었다. 알키비아데스의 아름다움보다 소크라테스의 추함이 더 강렬했는지 곳곳에 세밀한 기록이 남겨져 있다. 두 눈은 튀어나와 있었고, 넓은 돼지코가 퍼져 있으며, 입술은 굵고 멍청해 보였다. 어느 날 소크라테스가 저명한 관상가를 찾아가니(그리스인들도 관상 보기를 좋아했다), 소크라테스를 무식하고 음탕한 인상이라 했다. 소크라테스는 돈도 없었다. 정치도 하지 않았다. 맨발로 아테네 도심을 떠돌며 구두쇠부터 제사장까지 누구든 붙들고 대화했다. 추운 겨울에 똥똥한 배를 내밀고 나가서 명상을 했다. 그가 글 한 줄 남기지 않았어도 역사는 그를 잊지 않았다. 소크라테스가 말했다. 내가 유일하게 아는 것은 "내가 아무것도 모른다는 것이다"라고. 자기 자신 그리고 자기 생각에 터무니없이 확신하는 정치가, 사상가, 종교인들을 소크라테스는 몰아세우고 그들 주장의 모순을 드러내게 했다. 얼마나 불편했을까. 정의의 이름으로, 지식의 이름으로 만행하던 사람들이 침묵했다.

아무것도 모른다던 소크라테스였지만, 신념은 확고했다. 그에게 돈과 쾌락은 시간낭비였다. 오직 덕목에 대한 고민, 인생을 사색하는 데 의미를 두었다. 소크라테스를 누구보다 먼저 인정한 사람은 다른 그 누구도 아닌 잘생긴 알키비아데스였다. 알키비아데스는 소크라테스를 보고 감탄하며 말했다. 그는 위대한 장군도, 웅변가도, 정치가도 아닌, 다만 새로운 인물이라고. 소크라테스는 자유로웠다. 전기와 같이 흘러가며 사람들을 번쩍 일깨우고 사라졌다. 전기 말이다. 가끔 그의 생각이 보일까 말까 한다.

그리스인들은 **'친구는 돕고 적은 해치우라'**라는 믿음을 따랐다. 그리고 복수와 이익에 민감했다.

하지만 이런 귀여운 시도 남아 있다. 기원전 6세기 시인 테오그니스는 시에서 이렇게 기도한다.

내가 적의 재산을 빼앗아
조금은 내가 가지고,
나머지는 친구들에게 줄 수 있기를.
그리고 불행없이
부자로 살기를.

소크라테스는 누군가 너에게 악의를 가지고 위해를 가하면 다만 당하라고 한다. 악행을 하면, 도리어 본인의 영혼을

해하게 된다고 보았다. 육신으로 고통을 당하는 것이 복수하며 영혼이 상하는 것보다 낫다는 얘기다. 이해는 되지만, 실천하기 힘든 거룩한 가르침이다. 그리스인들은 경악했다. 소크라테스는 삶의 방식을 새로 제시했다. 거룩한 말만 늘어놓았다면 소크라테스는 잊혔을 것이다. 소크라테스는 가르침에 걸맞는 초인의 삶을 보여줬다. 죽음 앞에서 그의 당당한(태연한) 모습은 소크라테스의 삶의 가치를 보여주는 마지막 증거였다.

소크라테스는 알키비아데스를 아꼈다. 신세계가 구세계를 품은 셈이다. 소크라테스가 인정했다니 알키비아데스의 매력도 겉모습뿐만은 아닌가 보았다. 별무리같이 수많은 철학자 가운데에서도 소크라테스의 목소리가 맨 나중까지 울렸다. 내게는 새로운 인간을 부르는 소리로 들린다.

내게 고대 그리스를 왜 공부하느냐고 누가 굳이 물어, 또 내가 굳이 답해야 한다면, 소크라테스와 그의 세상을 이해하기 위해서라고 말하겠다. 그 정도면 충분하다.

2019.5.24.

톱니바퀴

코로나19covid 19 탓으로 3월 미국을 떠나 한국으로 돌아오기로 한 하루 전날도 여느 때처럼 조깅을 했다. 옆에서 뛰는 미국인도 몸 가꾸는 데 목숨을 걸고 있다. 소설《금각사》의 작가 미시마 유키오(1925~1970)는 현대인은 튼튼한 근육이 필요 없다고 했다. 그럼에도 불구하고 남자에게 근육은 자존심이다. "고대 그리스어의 자리를 근육이 채웠다"며 미시마가 꼬집었다.

조깅은 계속되지만 학교는 텅 비었다. 학생들이 없는 교내식당, 도서관, 분수는 더 이상 의미가 없어 모두 멈추었다. 여름학기 강의도 온라인으로 대체됐다. 대학 시절, 내 지도교수가 농담했었다. 50년 안에 대학 캠퍼스들은 대부분 문을 닫고, 옥스퍼드는 고급 호텔이 될 거라고. 예지 능력이 있는 탁견이었다.

이런 생각 끝에, 책의 한계는 어디일까 고민해 본다. 모두 방에 갇혀서 사람 사이 접촉 없이 독학만 한다면 말이다. 소크라테스는 '책'을 신뢰하지 않았다. 그러면서 이런 일화 하나를 들려주었다.

테우스라는 이집트인이 타모스 왕을 찾아가 자신이 만든 발명품을 자랑했다. 바로 '문자'였다. 이런 테우스를 보고 왕이 부드럽게 꾸짖었다.

"자네는 분명 위대한 발명가네. 하지만 문자는 진실이 아니라 진실의 겉모양만 전달할 것이네. 지혜는 문자를 통해 얻을 수 없네. 말만 주워듣고, 배운 것은 없는 사람같이 되겠지. 지혜의 무늬만 떤 사람 말이네."

– 플라톤, 《파이드로스》

소크라테스는 깨달음은 책에서가 아니라 사람과 사람 사이에서 이루어진다고 보았다. 이전 글에서 나는 카뮈의 《전락》을 얘기하며 얼어붙은 마음을 깨부술 책을 찾았다. 하지만 책이 구원할 수 없는 것이 있다. 책을 통한 새로움은 '잠자고 있던 것의 일깨움일 뿐'이다. 책만으로는 깊은 변화를 가져

오지 못한다. 사람의 몫으로 남겨진 게 있다는 얘기다.

진정한 변화는 내가 새로운 방향으로 톱니바퀴처럼 돌아가고, 수많은 작은 톱니바퀴들도 그와 맞물려 회전할 때 이루어진다. 눈에 보이지 않았던 톱니들 사이로 생각이 흐르고, 입으로만 흐르던 말에 의미가 깊어진다. 이것이 변화다. 단순히 톱니바퀴 하나가 굴렀을 뿐인데 세상이 어느 날 바뀐다.

소크라테스, 예수, 부처는 글 한 줄, 책 한 권 남기지 않았다. 그들의 가르침은 제자들이 기록했다. 플라톤의 대화편을 보면 스승 소크라테스가 진리를 캐물으며 책의 마지막 장까지, 누군가를 붙잡고 대화하는 모습이 기록되어 있다. 물론 '누군가'는 진리를 찾지 못하고 떠난다. 소크라테스는 홀로 남겨진다. 소크라테스는 책은 정물의 그림같이 대답을 하지 못한다 했다. 대화만이 진리를 찾는 길이라고 보았다.

사람을 바꾸는 것은 사람만이 가능하다. 운명과 인연을 보고 겸허히 해야 하는 까닭이다. 우리의 영혼이 흔들렸던 순간을 기억해 보자. 책보다 놀라워서도, 그림보다 아름다워서도, 음악보다 영원해서도 아니고, 살과 두 눈을 가진 인간이기 때문에, 더욱이 여기에 톱니바퀴 같은 관계가 맞물릴 때 영혼이 사정없이 흔들리는 거다.

학교의 문을 열든 닫든 이런 만남은 어쩌다이다.

2020.4.10.

터키시 딜라이트

프루스트(1871~1922)의 소설에서 '나'는 마들렌 과자 부스러기가 떠 있는 차를 마시며 잊었던 어린시절 기억을 되찾는다. 프루스트에게 마들렌이 있었다면 내겐 '터키시 딜라이트'가 있다. 영국의 초등학교 예배 시간이었다. 목사님이 육각형 종이상자를 들고왔다. 안에는 부드러운 설탕 가루에 덮힌 젤리랄까 사탕이랄까. 터키시 딜라이트가 들어 있었다. 처음 맛본 이 젤리의 향과 맛은 먼 나라에서 겪은 내 첫 외로움의 냄새와 맛으로 아직도 혀끝에 아슴푸레하게 남아 있다.

셰익스피어는 '소도구'에 집착했다. 햄릿은 '해골'을 들여다보며 죽음을 얘기하고, 오셀로는 '손수건'을 움켜쥐고 불신을 키운다. '촛불'을 들고 신혼 침대에 다가가기도 한다. 맥베스는 '단검'을 어루만지며 자신의 운명을 확신한다.

문득 떠오르는 물건, 소리, 맛, 모티브, 색, 사소한 일은 쉽게 묻히니 사소하다고 우리는 오해한다.

가끔 큰 결심 앞에 머리를 짧게 자르는 사람들이 있다. 며칠

묵언을 하는 사람들도 있다. 하지만 시인 김수영(1921~1968)이 지적했듯이 '진지하라는 말'은 가볍게 쓸 수 있는 말이 아니다. 나는 차라리 잔뜩 멋을 부리라고 하고 싶다. 규율을 만드는 것이 오히려 야만스럽다. 내가 아는 미국인 친구 중 하나는 열다섯 살에 자살을 기도했다. 단식해서 굶어 죽을 작정이었다. 그러다가 친했던 선배가 그때쯤 사고로 죽게 되자 자살 계획을 접었다. 이 친구는 길바닥에 떨어진 티셔츠도 주워서 한번 살펴보고 의미를 기록하는 '진지한', 내가 아는 유일한 천재다.

말은 얘기를 하나하나 풀어나가야 하지만, 사물은 엉킨 역사를 한번에 토해낼 줄을 안다. 이야기와 역사가 깊은 물건은 소리가 두터운 음악과 같다. 선율과 선율 사이를 오갈 수 있으니 정신이 자유롭다. 이런 근거로 요즘 세계 건축에선 유서 있는 건물을 복원할 때 현대인이 개입했다는 흔적을 숨기지 않고 드러낸다. 추세다. 옛것과 새것을 뚜렷이 구분해 공존시키는 것이다. 국민은 어두운 역사를 가려줘야 할 만큼 비위가 약하지 않다. 교육은 일종의 축제다. 축제 분위기를 잃으면 강요다. 최악의 교육은 강요된 것이다.

지난 주말 책방에 갔다. 큐레이팅이 잘 돼 있어 책방에 머무는 시간이 길어졌다. 연필 수집에 대한 책도 있고, 그 옆엔 연필은 물론 지우개와 가위, 고급스러운 모기향도 진열해 팔고 있었다. 역시 사소한 것들이라 할 것이다. 사치스럽기도 하다. 다만 의미를 찾는 과정에서 마땅한 현상이다. 비트겐슈타인은 문화의 빈곤함과 천박함을 이렇게 설명했다.

"거실에서 쓰는 의자, 주방에서 쓰는 의자, 방에서 쓰는 의자를 구분해 쓰다가 아무 상관하지 않고 그냥 하나로 써버린다면 이것이(사물에 구분을 두지않고 골몰하지 않는 것이) 바로 문화의 빈곤한 모습"이라는 것이다.

우리가 관심을 주지 않으면 사물(예를 들면 의자)은 그저 생활의 부산물일 뿐이다. 스코틀랜드 시인 돈 패터슨(1963~)도 이렇게 적었다.

"우리가 만든 의자와, 욕조와, 자동차와, 신발, 이 모든 것은 우리가 빠져주면 바로 부조리해진다. 우리는 세상에 외로운 것들을 얼마나 많이 만드는가."

2020.5.15.

라라

2020년 봄, 라라를 스탠퍼드대학교에서 만났다. 그를 만난 다음날, 내 방에 있던 책 대부분을 내다 버렸다.

라라는 전자공학을 전공하고 있었고 최근에는 컴퓨터공학으로 바꾸었다. 여름방학에는 유체역학 시뮬레이션을 해볼 거라 했다. 하지만 처음 만난 날, 우리 대화의 시작은 로마의 시인 카툴루스였다.

라라는 매일 시를 쓰고 일기를 쓴다. 열한 살 이후 무언가를 적지 않고 그냥 지나간 날은 단 하루도 없단다.

음악도 작곡한다. 프로그래밍을 배우다가 중세시대 기사騎士 문학을 읽기도 한다. 고향 튀르키예의 시인들 작품을 번역해서 시집을 만들 준비도 하고 있다. 그런 라라의 더 유별스런 점은 길에서 만나는 사람 아무에게나 무턱대고 말을 거는 것, 혹은 '소통'이다. 나 또한 그렇게 만났다.

'좋은 글'은 작가가 하고 싶은 말이, 글로 옮겨질 수 있을까 고민되는 글이다. 그리고 '더 좋은 글'은 하고 싶은 말은 많은데, 감히 글로 다 풀어낼 수 없을 것 같은 글이다. 라라는 일테면 그런 좋은 글감 같은 사람이다.

라라의 중심은 시다. 시인은 기다린다. 억지 부리지 않는다. 시인은 자기가 인식하는 세계를 표현할 자기만의 단어들을 천천히 안에서부터 기른다. 자기만의 관용구를 키운다. 그것이 뱃속에 쌓이고 쌓이면, 손끝으로 시가 흘러 나온다. 라라 얘기다.

김수영도 산문 〈와선臥禪〉에서 얘기하고 있다. 시는 기다리는 거다. 역으로 '제스처'는 시인을 본인 고유의 단어로부터 멀어지게 한다. 제스처, 곧 손동작은 과시다. 제스처는 희극에서 쓰인다. 시는 제스처도 아니고 희극도 아니다. 생각해 보니 제스처는 문학의 문제일 뿐 아니라 사람의 문제다. 헛된 말의 99퍼센트가 제스처다.

내 책장에 꽂혀 있던 책들을 훑어봤다. 라라가 세운 문학 기준에 못 미쳤다. 버려도 아쉽지 않았다.

번역도 얘기했다. 시를 번역할 때, 라라는 그 시의 원문을 여러 번 읽는단다. 시구절이 아무 생각 없이 무심하게 떠오를 때까지 되읽는다. 그러고는 시를 단숨에 번역해 버린다.

그 다음 번역본의 운율, 소리와 같은 디테일을 가다듬는다. 계속 가다듬다 보면 시의 원본과 번역본이 헷갈린다. 그때 멈추는 거다.

라라는 어렸을 때부터 길에서 만난 사람들에게 말을 걸었다. 청소부, 버스운전사, 경비원. 소녀 소크라테스다. 바닥에 떨어진 옷도 집어보고 만져본다. 사람에 대한 편견 없는 관심이다. 우리가 모든 것을 이미 경험해 봤다고 생각해 보라. 굳이 경험하지 않아도 된다. "천 번 죽어도 다시 태어나지 않아도 된다." 라라의 그 마음에서 자유가 시작된다.

시적인 삶, 창조적인 삶, 어디서 들어본 말들이다. 난 눈으로 보지 않은 것은 믿지 않는다. 내 눈으로 직접 봐야 한다. 젊은 학생들과 생활하는 나는 지식이나 정보나 테크닉보다도 전해주고 싶은 것이 있다. 가치다. 쉽지 않다.

손등이 통통한 라라가 문득 생각나는 오월 아침이다.

2021.5.21.

Ⅸ

불만하지 않고,
변명하지 않는다

"그는 얼마 전부터 다른 모토를 선택했다.
'Never explain, never complain.' 변명하지 말고,
불만하지 마라. 소용없는 말은 하지 마라."

– 프랑스 작가 앙드레 모로아(1885~1967),
《디즈레일리의 생애La Vie de Disraëli》

밥 딜런의 꿈

대학에서 강의할 때면 "내 꿈이 무엇이었느냐"고 묻는 학생들이 간혹 있다. 그러면 나는 나의 꿈이 아니라 우리의 꿈을 얘기하고, 그 꿈을 놓지 않는 방법을 같이 얘기한다. 학생들은 이제 겨우 열여덟에서 스물한 살. 배우는 만큼 버려야 할 게 많은 나이다. 가치, 편견, 줄곧 가꿔왔던 꿈을 버려야 하기도 한다.

밥 딜런(1941~)은 노벨문학상 수락 연설문에서 전쟁 속 젊은이들을 그렸다.

> "옛날옛적 넌 순진하고 어렸지.
> 그리고 피아니스트가 된다고 꿈도 크게 꿨지. (…)
> 지금은 총을 쏘아 조각내고 있지."

어렸을 적 꿈은 과연 실현하기 어려운 것일까?
문제의 핵심은 이렇다. 어느 분야에서 뛰어나려면, 그에 걸맞은 기술을 익혀야 하는데 그것이 쉽지가 않다. 이를테면 많은 사람이 원하는 창작 관련 분야들은 기술의 시작점이 또렷이 보이지 않는다는 데 고민이 있다. 딛고 올라갈 사다리의 가로장이 필요한데, 눈앞엔 구름 같은 낭만뿐이다. 창작의 과정은 수수께끼 같다. 재주는 갈수록 작아 보이고 결국 포기하기 쉽다.

'열정을 좇자' 하는 친구가 있다면 조심스럽게 이렇게 조언해 주고 싶다. 간단한 규칙을 하나 정해서 연습하라고. 어떤 식의 규칙을 정할지는, 예를 들어 시를 쓰겠다고 한다면, 좋은 시인에게 물어보면 된다. 그러나 이것이 가장 어려운 단계다. 제 분야에 깊이 파고든 전문가를 만나기란 생각처럼 쉽지 않다. 그래도 다음부터는 간단하다.

실천하면 된다. 시 한 줄에 같은 자음은 두 번만 반복한다. 이런 식으로 말이다. 쉽게 도달할 수 있는 목표여서 손도 머리도 부담없이 돌아간다. 간단하니까 버스 정류장에서도 수첩을 꺼내 연습할 수 있다. 가장 중요한 것은 용기가 생긴다는 점이다.

책상 앞에 앉아서 시를 쓰겠다고 마음먹는다 해도 문학

의 세계가 방대해 감히 엄두가 나지 않는다. 하지만 매일 조금씩 뇌의 시 쓰는 부분을 자극해 주면 어느 순간 시인이 된 자신을 발견하게 된다. 결국 마음이 아니라 몸의 얘기다.

뉴로플라스티시티(신경가소성) 이론에 따르면 우리의 행동과 생각에 따라 뇌의 신경이 변화한단다. 우리의 뇌는 정보가 들어가고 빠져나오는 컴퓨터 같지 않고, 정보를 빨아들이며 끊임없이 모양새를 바꾸는 고무찰흙과 같다. 피아노를 치는 사람은 운동피질의 손가락 움직임을 관리하는 부분이 상당히 발달해 있다. 또한 택시기사들은 기억을 담당하는 해마체가 비교적 크다.

나쁜 버릇은 낭비된 시간과 함께 떠내려가는 게 아니라 우리 몸속에 머물며 계속 우리와 동반하고, 반면에 올바른 생활습관도 역시 남는다는 것인데, 이는 더 나은 자신을 만들 수 있다는 희망이 생겨 그나마 다행이라면 다행이다.

T. S. 엘리엇(1888~1965)은 "위대한 전통이 인재를 만든다"고 했다. 5세기 아테네의 지식인, 16세기 런던의 극작가들도 좁은 지리적 범위 안에서 전통을 만들어 나갔다. 젊은이들은 숙련된 장인 밑에서 작은 수련부터 시작했을 것이다. 그런

전통을 만들고 실천하는 게 느린 듯하지만 가장 신속한 길이고, 혁신과 개발은 그 다음이다.

요한계시록(3:2)의 한 구절을 마음에 새길 만하다.

"너는 일깨어 그 남은 바 죽게 된 것을 굳건하게 하라."

2018.10.26.

아버지의 이름으로

소설을 읽다보면 등장 인물들의 이름이 헷갈려서 책장을 자주 앞뒤로 넘기곤 한다.

러시아 소설이 특히 그렇다. 러시아 소설 속의 알렉세예비치, 이바노비치, 이바노브나, 알렉산드로브나. 이 특이한 -오비치, -예비치, -오브나 같은 끝말들은 러시아에서 중간이름으로 사용하는 부칭이다. 아버지 이름에서 따왔단 얘기다. 로마노비치는 로만의 아들이란 뜻이고, 표도로비치는 표도르의 아들이다. 영어권 나라 사람들의 성씨로 우리에게 잘 알려진 '존슨'이나 '윌슨'도 사실 부칭에서 비롯되었다. 존의 아들. 윌리엄의 아들이란 소리다.

어떤 사람을 부모, 특히 아버지와 연관해서 부르는 관습은 오랜 역사가 있다. 고대 그리스 시인 호메로스의 작품 《일리아스》는 이렇게 시작한다.

"여신이여, 펠레우스의 아들 아킬레우스의 분노를 노래하라."

그리스의 영웅들은 아버지의 이름을 명함처럼 지니고 다녔다. '아킬레우스 CEO'가 아니라 '아킬레우스, 펠레우스의 아들'이다. 영웅의 아버지는 아버지 역시 영웅이었을 것이다. 그러니 아버지는 자부심의 대상이고, 아들이 뛰어넘어야 할 본보기이며 또한 경쟁자다. 같은 시 《일리아스》에서 영웅 헥토르는 아들이 자신보다 위대하기를 기도한다.

영국의 수상이었던 윈스턴 처칠도 살아 있는 아버지보다 죽은 아버지를 더 의식하고 경외했다. 윈스턴의 아버지 랜돌프 처칠 역시 유능한 정치인이었다. 하지만 정치적 도박이 틀어져(사퇴를 들먹이다 결국 사퇴하고 만다) 커리어는 무너지고, 상심하던 랜돌프 처칠은 매독에 걸려 마흔다섯에 정신이상으로 사망한다. 아버지가 불명예스럽게 죽던 1895년, 윈스턴의 나이 스물이었다. 학교성적은 뛰어나지 못했고, 아버지에게 무능한 모습밖에 못 보인 윈스턴이었다. 50년이 지난 1947년, 처칠은 〈꿈〉이라는 안개같이 모호한 단편소설을 쓴다(윈스턴 처칠은 노벨문학상을 받은 작가이기도 하다). 이 소설 속에서 처칠은 평소처럼 유화(처칠은 또한 뛰어난 화가이기도 하다)를 그리고 있었다. 그런데 뒤돌아보니 돌아가신 아버지가 가죽의자에 앉아 있었다. 처칠의 아버지는 한숨 쉬며 말한다. "윈스턴, 너도 정치인이 되었으면 쓸모 있었을지도 모르겠구나, 누가 알겠나, 이름을 날렸을지." 처칠이 무어라 답하기 전에 아버지의 환영은 사라진다.

훌륭한 아들을 두려면, 아버지는 위인으로 남으려 하는 욕심을 버려야 할 것이다. 반대로 위대한 아버지에게는 초라한 아들이 꼭 악취처럼 따른다. 불운하다 할 만하다. 아버지의 훌륭한 성품과 재능은 유전되기 어려운 모양이다. 소크라테스도 자주 꼬집었다. 좋은 강의를 듣거나, 책을 읽거나, 선생을 고용해서 우수해질 수만 있다면, 그리스의 위인들은 왜 자식들을 뛰어난 인물로 키우지 못하는 걸까? 가문, 재산, 인맥, 누구보다도 그 모든 것을 물려주고 싶었을 텐데 말이다.

요즘 사회에서 아버지 이름만 믿고 젠체하는 젊은이가 있다면 어이없고 가증스럽다 할 만하다. 거꾸로 '누구누구의 아들'이라는 꼬리표도 부담스러울 수 있다.

하지만 나는 누구를 만날 때 그가 아무개의 아들 혹은 딸이라 생각하면 그에 대한 감정이 훨씬 부드러워진다. 그를 덜 비판하거나 판단을 보류하게 되고, 인간으로서 아끼고 싶고, 심지어 그에 대해 다정함을 느낀다. 이유 없이 무턱대고 그를 사랑하는 가족의 마음이 내게 전해진 탓일 것이다.어느 공중 화장실에서 이런 안내글도 보았다. 나와 같은 사람을 염두에 두고 쓰여진 모양이다. "청소 아주머니도 누군가의 어머니입니다."

머릿속 촘촘하게 자리 잡고 있는 편견들을 생각하면, 우리에게 마냥 좋게 비칠 만큼 깨끗한 인물을 찾기란 어려울 것이다. 아무 계산속 없이 어울렸던 어렸을 적 친구 정도라면 모를까. 그러나 "너희가 만일 선하게 대하는 자만을 선하게 대하면 칭찬받을 것이 무엇이냐." 진리의 말씀이다.

이익과 무관히 남을 소중히 대하려면 그를 가족이라는 긴 연결 고리의 한 끄트머리로 연상하면 좋을 것이다. 가족은 곧 누구나 나누는 공감대다. 가족은 또한 사랑이다. 그리고 부칭은 가족의 존재를 줄곧 상기시킨다. 이름이란 사람을 늘 따라다니는 것이니까.

2차 세계대전 중 일본군에게 억류된 어느 서양인 병사는 자신을 고문하는 일본군인을 그의 어렸을 때 모습을 상상하고, 용서하려 했다 한다. 누구를 누군가의 자식으로 보는 것은 곧 그를 아이로 보는 것이다. 아이들을 혐오하거나 심판할 수는 없다. 혐오를 사기 쉬운 사람은 가족에게서 멀리 떨어진, 섬처럼 흩어져 떠다니는, 외로운 사람뿐이다.

2019.3.15.

운이 다할 때 사람은 정신을 넓혀 빈 공간을 채워야 한다

1945년 3월 3일, 영국 수상인 윈스턴 처칠이 독일의 지그프리트 전선에서 흐뭇한 얼굴로 서성거리는 모습이 기록사진으로 남아 있다. 오줌을 누기 위해서 장군들과 모인 것이다. 독일과의 전쟁에서 승리의 표식을 남기고 싶은 처칠은 짓궂은 행복을 감추지 못했다.

재치와 유머가 뛰어났고, 위대한 전쟁 영웅이자 정치가였으며 노벨문학상 수상자이기도 한, 너무나 잘 알려진 윈스턴 스펜서 처칠이다.

그런 처칠이 100여 년 전, 나와 같은 고등학교를 졸업했다. 지금도 학교에서는 매년 처칠을 기리는 음악회를 연다. 말버러가家의 후손으로 귀족의 삶을 누리다가 총리를 두 번이나 지냈으니 처칠은 부러울 것이 없어 보인다. 피부가 예민하다며 속옷을 전부 실크로 입었던 부자였다.

그러나 그는 우울해했다. 자기 인생이 실패가 아닌가 늘 걱정했다. 성적이 모자라 옥스퍼드대학교를 포기하고 육군사

IX. 불만하지 않고, 변명하지 않는다

관학교에 가려 했지만 그곳 역시 세 번의 도전 끝에 입학한다.

1916년 처칠이 지휘한 갈리폴리 작전은 대실패로 끝나고, 수십만 명의 젊은이들을 죽음으로 이끌었다는 죄책감은 평생 그를 따라다녔다. 심지어 연합군의 승리로 2차 세계대전을 종전시키는 데 공을 세웠지만 1945년 총선에서 처칠은 패배한다. 이것이 '위장된 축복disguised blessing'일 수도 있다며 아내가 위로하지만, 처칠은 "그렇다면 아주 철저한 위장이군"이라며 불만스러워했다 한다. 저항없이, 변명없이 실패를 인정하고, 있는 그대로 고민한 처칠이었다.

2차 세계대전 도중 공식적인 자리에서 쉰 번 이상 눈물을 흘렸다고도 한다. 영국 국왕이었던 에드워드 8세(1894~1972)도 그를 '우는 아기cry-baby'라며 놀렸다.

처칠은 정치 외에도 관심사가 다양했다. 인상파 화가들처럼 유화도 그렸다. 지금도 그가 살았던 저택에 가보면 그림들이 잘 보관돼 있다.

벽돌 쌓기라는 조금은 특별한 취미를 갖기도 했다. 벽돌공 조합 회원으로 가입할 만큼 열심이었다.

또한 영국과 그의 조상들 이야기 그리고 2차 세계대전의 기록을 출간하여 1953년 '노벨문학상(노벨평화상이 아니다)'을 받은 인물이다. 놀랍지 않은가. 처칠이 저술하고 기록한 작품을 굳이 분량으로만 따지면 셰익스피어와 디킨스(1812~1870)가 쓴 것을 합친 것보다 더 많은 양이었다. 심지어 영화 각본도 썼는데, 아쉽게 제작이 되진 못했다.

그의 정신세계의 빈 공간을 넓힌 흔적들이다. 처칠이 치열하게 싸운 모습이 곳곳에 남아 있다. 메울 공간이 많았나 보다.

그가 남긴 어록 중 좋아하는 말이 있다.

"운이 다할 때 사람은 정신을 넓혀 빈 공간을 채워야 한다."

처칠은 다 가지고, 모든 것을 입에 물고, 손에 쥐고 태어난 사람이다. 그러나 그런 그도 과오가 있었고, 실수가 있었으며, 후회도 있었다. 하지만 자신의 과오와 실패를 인정했고 평생 짐으로 여기며 부끄러워했다.

수치를 아는 것이 진정한 귀족의 자질이라고 본다. 내가 생각하는 가장 '귀족적인 것'은 불평하지 않고, 남 탓하지 않고, 책임지고, 거짓되지 않고, 변명하지 않는 것이다. 수치가 아니라면 권력자가 머리를 굽힐 것이 무엇이 있을까.

전쟁을 승리로 이끌었지만, 오히려 죽는 날까지 자신이 대영제국의 영광을 잃게 한 것이 아닌가 하는 생각에 처칠은 괴로워했다 한다. 처칠은 기차역 플랫폼 끝에 서 있는 것을 두려워했다. 찰나의 결정이 모든 것을 끝낼 수 있기 때문이었다.

2019.10.18.

IX. 불만하지 않고, 변명하지 않는다

나는 어떤 무리에 속하고 싶은가

나와 같은 공부를 하고 있는 유대인 선배가 하루는 이런 말을 했다.

"앞으로 무얼하고, 어떻게 살까, 누구나 이런 고민을 하는데… 사실 간단해. 평생 누구와, 어느 부류의 사람들과 어울리고 싶은지 생각해 보면 쉽게 답이 나오지!"

머리를 잠시 열었다 닫는 기분이었다. 내가 이제껏 들어본 말 중에 단연코 가장 신선한 조언이었다. 내 주위엔 유난히 지적인 유대인이 많다. 이 선배만 해도 심하게 스마트한 사람이다.

나는 어떤 무리에 속하고 싶은가.

허영심 없이 대답할 자신이 없다. 생각해 보니 **라틴어**를 택한 것은 내가 선택한 가장 심한 멋부리기였다. 다만 쉽게 질리는 게 문제다. 며칠 전 성경을 읽었다. 전도서였는데, 전도자인 어느 왕(솔로몬이라고도 알려져 있다)이 있었다. 그는 사람도 부리고, 동산도 짓고, 많은 부도 축적했지만, 이 모든 것이 바람을 잡으려는 것만큼 무익하다고 결론지었다.

요즘 우리는 왕이 아니더라도 쉽게 허무함을 느낀다. 인터넷에선 무엇이든 찾아낼 수 있다. 몇 시간, 아니 몇 날을 인터넷을 끼고 서핑하다 보면(헤매는 것이겠지만) 무엇이든 다 가질 수도 있고 다 잃을 수도 있으며, 삶의 가능성은 무한하면서도 결국 아무것도 아니란 것에 도달한다. 축음기도 없던 시대, 여러 달을 별러서 음악회를 찾아 가던 사람들. 그들의 기쁨은 어땠을까. 음악 스트리밍 사이트에 들어가 곧바로 듣는 음악과 감동이 어떻게 같을 수 있을까. 오래오래 전에 녹음된 곡을 들어보면 환호의 질이 다르다.

아주 어렸을 땐 영화가 좋았다. 그리고 음악. 나는 아직도 음악가들과 어울리는 것을 그리워한다. 영화는 또 어떤가. 아름다운 영화인들과 더불어 일을 한다는 것은?

영국 소설가 마틴 에이미스는 소설을 쓰는 과정에 대해 말했다.

"소설을 쓸 때는 전두엽 피질이 아니라 뇌의 뒤쪽을 사용한다."

논리가 아니라 본능의 문제라는 얘기다. 뇌의 무의식을 언제 끌어올릴지 아는 것도 중요하다.

간밤에 톨스토이의 일기를 읽었다. 1885년, 내 나이 정도에 톨스토이는 고민했다. 세바스토폴에서 군인 생활을 하고 있었고, 책도 출판되었지만, 위대한 작가로서의 명성은 아직 멀었다.

"시간, 시간, 젊음, 꿈, 생각들 — 모두 자취도 없이 사라지고 있다. 나는 내 인생을 사는 대신 탕진하고 있다."

톨스토이는 자기 계발에 집착한다. 그는 스스로 고쳐야 할 점들을 적어보기로 한다.

"무기력함, 짜증이 많음, 생각이 모자람, 허영됨, 어수선함 그리고 줏대가 없음."

그의 **고쳐야 할 점**이 나의 것과 같아서 놀랍다! 진로를 고민하다가도, 궁극의 문제는 운명이라는 것을 톨스토이는 이해했다.

"하느님, 나를 지켜주시니 당신에게 감사합니다! 당신이 나를 버린다면 나는 얼마나 무가치한 생물이겠습니까?"

톨스토이의 울부짖음이 귀에 들리는 듯하다.

내가 라틴어를 공부해서 그 일로 밥벌이를 한다면 라틴어는 곧 내 길이었던 것이리라. 무엇이든 7년을 지니고 있으면 그 용도를 찾는다 했다. 내 운명이라 해서 크게 다르지 않을 것이다.

결국 유대인 선배에겐 누구와 어울리고 싶은지 답해주지 않았다.

'형이랑 어울리면 됐지.'

아님 러시아 시인 튜체프(1803~1873)가 말했다.
"생각은 말에 담기는 순간 거짓이 된다"고.

2019.11.22.

왼손의 변명

난 왼손잡이다. 글을 쓰거나 밥 먹을 때 왼손을 쓰는 건 물론이고 방망이를 휘두르거나, 심지어 가르마도 왼쪽으로 타고 있다. 왼손잡이래서 나를 나무란 사람도 없고 놀린 이도 없다. 크게 불편하지도 않다. 회식 자리에서 오른손잡이와 바싹 붙어 앉아 밥 먹을 때 부딪치는 정도의 불편함이 있다. 모든 왼손잡이가 그러는 건 아니겠지만 지독한 악필인 건 인정해야겠다.

영국에 있는 동안 우성향의 신문 《타임스》 대신 좌성향의 《가디언》을 오래 구독했었다. 이유는 간단하다. 《가디언》의 문화예술 부록이 너무 좋았기 때문이다.

라틴어로 '시니스터*sinister*'는 '왼쪽' 혹은 '불길하다'는 의미다. 왼손잡이나 왼편을 수상하고, 낯설고, 심지어 불쾌하게 보는 이유의 역사가 결코 짧지 않다. 로마 시대의 소설을 보면 집주인이 문지기에게 손님들이 문턱을 오른발로 먼저 넘는지 확인시키기도 한다. 아우구스투스 황제도 늘 오른쪽 신발을 먼저 신었다고 한다.

왼쪽은 익숙하지 않기에 오히려 자유롭다 할 것이다. 보편적이지 않다는 이유로 얻은 자유다. 굳은 팔을 풀어주기 위해선 팔이 굽은 반대 방향으로 뻗어주고, 머리를 빗을 때도 모발이 난 방향 반대로 빗어 주어야지 시원하다. 왼손잡이는, 사고도 익숙하지 않은 쪽으로 고집할 필요가 있다.

"역사는 승자가 쓰기도 하지만 패자가 쓴 망상이기도 하다."

영국 소설가 줄리언 반스(1946~)가 한 말이다. 왼손잡이가 할 듯한 변명이다.

'독일의 채플린'으로 알려졌던 천재 코미디언 칼 발렌틴(1882~1948)의 별명은 링크스뎅커*linksdenker*. '왼 생각쟁이' 정도로 번역해 볼 수 있겠다.

왼손잡이는 평등의 가치를 평등에서 찾지 않는다. 음악에서 예를 들 수 있다. 음악 평론가 한스 켈러(1919~1985)는 "현악 사중주의 핵심은 네 대의 동등한 악기들의 대화가 아니다. 동등의 가능성을 지닌 악기들의 대화"라 말한 바 있다.

네 악기가 한꺼번에, 동등하게 연주하면 곡이 신경질적이고 답답해진다. 브람스(1833~1897)의 현악 사중주, 모차르트의 후기 〈프러시안〉 사중주가 그렇다.

좌와 우도 이제 시대에 뒤떨어지는 이념이 되었다. 이념은 증상일 뿐이다. 이념은 사람이 두 눈으로 보이는 세상에서 얼마나 멀어질 수 있는지를 시험한다. 그 시험을 통과하는 사람의 이념은 곧 그의 증상이다.

상식을 깨고, 재해석하고, 반대쪽으로 눈을 돌리고, 왼쪽으로 생각하는 것. 이것도 버릇이고 습관이다.

모든 '상식'에는 반전이 있다지만, 반전을 두 번, 세 번, 네 번 반복한다면 그는 철학자이거나 아니면 정직하지 못한 자일 것이다.

니체가 말한 그대로다.

"나는 그가 마음에 안 들어."

"왜?"

"나는 그와 동등하지 않기 때문에."

누가 이렇게 답한 적 있는가. 니체는 가능했다.

2022.4.5.

X

의외의 집착들

"삶에서 유년기(식물이나 다름 없다)를 제외하곤
— 자고, 먹고, 마시고 — 단추를 차고, 단추를 풀고
— 이 모두를 빼면, 진짜 존재하는 시간은 얼마나
남는가? 들쥐의 여름 정도다."

- 바이런 경의 일기, 1813년 12월 7일 화요일

X. 의외의 집착들

노트르담이 불타는 모습을 보며

한 나라를 상징하는 건물이 불타오를 때 우리는 과거와의 관계를 다시 생각한다.

사실 우리가 알던 노트르담 대성당은 19세기에 대대적인 복원 작업을 한번 거친 건물이었다. 지난 15일(2019년 4월) 월요일 화재 직후, 에마뉘엘 마크롱 대통령은 곧바로 대성당을 재건하기로 약속했다. 요즘 기술로 옛 모습을 재현하는 덴 큰 무리가 없을 것이다. 하지만 '완벽히 재현'한다 해도 과연 잃는 것이 없을까?

그리스 철학에서는 '테세우스의 배'라는 유명한 난제가 있다. 테세우스는 아테네의 영웅이었다. 만약 그가 항해했던 배가 오늘날까지 보존됐다 가정해 보자. 시간이 흐르면서 나무는 썩고, 갑판과 돛대, 결국 배 모두를 새로운 나무로 바꿔야 했을 것이다. 물론 배 외관은 그대로다. 하지만 과연 이 배를 옛날 그 테세우스의 배라 부를 수 있을까?

상처를 덮지 않고, 오히려 훤히 드러내기도 한다.

미국에선 뉴욕의 무너진 쌍둥이 건물 자리에 무역센터를 다시 올리지 않았다. 대신 두 개의 거대한 심연이 파인 채로 '보존'되어 있다. 2차 세계대전에서 파괴되고 학살의 무대가 되었던 프랑스의 마을 중 오늘날까지 폐허로 그대로 남겨진 곳도 있다. 프랑스 대통령 드골(1890~1970)은 전쟁의 흔적을 지우고 싶지 않았던 것이다. 독일 드레스덴에선 프라우엔 교회를 재건할 때 새로운 건축 재료와 함께 폭격에 새까매진 돌을 섞어 다시 세웠다. 피부병 걸린 듯 교회가 검은 반점으로 덮여 있다.

폐허가 오래되면 유적지가 된다. 우리는 옛 유적지를 새로운 건물처럼 단장하려고는 하지 않는다. 18세기 유럽인들은 그리스와 로마를 재발견했다. 기둥밖에 남지 않은 그리스 신전이었지만, 그 폐허를 보며 그들은 감탄했다.

그리스의 역사가 투키디데스가 말했다.

"스파르타는 웅장한 건축물이 없으나 아테네에는 있다. 그러니 후세 사람들은 아테네를 더 막강한 문명으로 기억할 것이다."

정확한 예견이었다. 아테네는 유럽의 아이콘이 되었다. 이때부터 영국, 프랑스, 독일은 역사에 남아 찬란한 문명을 대변해 줄 증거물을 짓기 바빴다. 그것도 그리스풍으로.

영국의 낭만파 시인 바이런 경은 수니온 곶에 위치한 포세이돈 신전의 기둥에 자기 이름을 새기기도 했다. 바이런은 탄식했다.

'영원한 여름이 아직 그들을 금빛으로 덮지만, 태양 말고는 모든 것이 지고 말았구나.'

깎아내려지고, 낙서에 덮인 채(지금도 그곳에 가면 바이런의 이름을 쉽게 찾을 수 있다) 이 신전은 아직도 시간의 무게를 견디고 있다. 폐허로 놔뒀으니 나머지는 후세 사람들의 상상력으로 채워 빛이 나는지도 모르겠다.

그리스의 대리석 석상들은 본래 화려한 색깔의 물감으로 칠해져 있었다. 하지만 세월이 흘러, 마치 육체를 이탈한 이상에 접근하는 듯한 대리석의 흰 빛깔로 변색되었다. 이제는 이 낡고 바랜 흰색이 그리스 예술의 참모습으로 여겨졌고, 이 하얀 대리석이 곧 고대 그리스의 숭고함의 상징이 됐다. 복원하지 않는 것의 재해석이었던 것이다.

우리는 과거를 어떻게 대할까? 그리고 그것이 우리에게 얘기하고 싶은 것은 또 무엇일까?

2019.4.19.

두 교황

영화 〈두 교황〉을 보았다. 꼭 보고 싶었던 영화였다. 상영관이 많지 않아 어렵게 찾아 아침 일찍 보고 왔다(조조 상영 한 번뿐이었다, 인색하기는!). 베네딕토 16세(1927~2022)와 현재 교황인 프란치스코(1936~) 두 교황 얘기다. 두 사람의 '다름'을 다룬 영화다.

오랫동안 신학 교수였던 베네딕토는 정통을 지키고 싶어 하는 보수의 상징으로, 아르헨티나의 가난한 집안 출신인 프란치스코는 수수하고 서민적인 진보의 상징으로 나온다. 호화로운 예복을 갖춰 입고 로마 외곽에 있는 아름다운 여름 별장과 바티칸 사이를 헬리콥터로 오가는 베네딕토를 보고 조용히 미소 짓는 프란치스코에게 카메라의 앵글이 맞춰진다.

감독의 시선은 프란치스코 편에서 베네딕토를 바라보는 것으로 고정돼 있다. 이런 게 순방향일까. 프란치스코의 맑고 진지한 모습에 베네딕토가 점차 동화돼 간다는 건 사실 좀 뻔한 영화 구도다. 같이 탱고도 추고 피자도 시켜 먹고 축구도 본다. 이러한 두 교황의 소박한 모습에 관객은 만족스럽다. 이 기분은 무얼까. 너나 모두 별다를 게 없다는, 같은 인간이라는 공감?

영화에서 프란치스코는 낙태와 동성애 같은 이슈에 진보적인 의견을 보인다. 베네딕토의 답은 묻힌다. 신학 교수로 20년을 지내고, 긴 시간 신과 인간에 대해 사색한 '실제 베네딕토'는 무어라고 답했을지 알고 싶다.

2019년 12월 치러진 영국의 총선에서 패배한 야당 대표 제러미 코빈은 패배 후 말했다. "우리가 논쟁은 이겼다"고. 자기합리화와 변명은 동서양을 가리지 않나보다. 영어에 '에코 체임버echo chamber', 즉 '메아리방'이라는 말이 있다. 자신에게 동조하는 주장과 생각에만 귀를 기울이고, 그럼으로써 편견이 더 깊어지는 상황을 말할 때 쓰는 말이다.

다음 학기에 그리스 비극 강의가 있다. 그리스 비극은 어떤 관점도 억지로 의도해 이끌지 않는다. 이를테면 반역자인 가족 편을 들지, 조국을 선택할지, 그냥 관객이 고민하게 만든다. 아버지를 죽인 어머니를 아들이 처형하는 게 옳은지, 존속살해는 잘못인지 묻는다. 결론이 있을 수 없다. 이런 이유로 그리스 비극이 민주주의를 막 설립한 아테네 국민들에게 '자유 의견'을 훈련할 목적이 있었다는 설도 있다.

〈두 교황〉은 따뜻한 영화다. 하나님의 목소리에 귀 기울이는 두 남자와 두 시간 함께하면 잃었던 초심을 바로잡게 된다. 다만 누가 누군가를 흡수하고 하나가 되는 것이 옳은 것일까, 하고 생각하게 된다. 진정 두 세계가 충돌하는 것, 서로 상충하는 충정 사이의 고난을 보고 싶다. 사족 같지만, 비슷한 시기에 본 영화 〈아이리시맨〉을 차라리 추천하고 싶다(좋은 영화다. 꼭 한번 보시라). 노란 불빛이 아름다운 연회장의 왈츠 사이에서 오가며 번민하는 로버트 드 니로의 모습이 두 교황의 번민보다 설득력이 있었던 것은 나만의 생각이었을까.

환타를 마시며 혼자 식사하던 베네딕토의 모습이 잊히지 않는다.

2019.12.27.

X. 의외의 집착들

개 이야기

투키디데스는 인간의 본성이 영원히 바뀌지 않는다 했지만, 개의 본성에 대해서도 할 말이 있었을까. 영국 시인 키츠는 했다. 키츠의 생각에(개가 아니라 나이팅게일의 목소리이긴 했지만) 그리스 시대의 나이팅게일과 오늘날의 나이팅게일의 우는 소리가 똑같을 거라 확신했다. 개도 그럴 거라고 짐작할 수 있다. 지금의 개 짖는 소리가 고대 그리스 시대의 개 짖는 소리와 달랐을까.

키츠는 시인의 말은 물갈이 되듯이 재해석되고 변질되지만, 새의 지저귐은 영원히 변함없다고 보았다. 키츠의 이론이 근거 있는지 확인하고 싶어 어느 옥스퍼드대학교 교수는 조류학자를 찾아갔다. 답은 "그럴 수도 있지만, 잘 모른다"였다. 모른다니까 더 흥미롭다.

고전학을 공부하다 보면 사물을 긴 눈으로 보게 된다. 거대하고 한때 위대했던 문명이 한순간 깨끗이 사라지는 것을 보면 우리의 유한함은 어쩌면 당연한지도 모른다. '변하지 않는 것은 아무것도 없다'는 진실만 변하지 않고, 모든 건 변하게 되어 있다. 프랑스 작가 폴 발레리(1871~1945)가 말했듯이, 우리에게 니네베나 바빌론은 이제는 의미 없는 이국적이고 예쁜 이름에 불과하다.

다시 개 얘기로 돌아가자. 고대 그리스 문학에서는 개 얘기가 종종 나온다.

나는 2012년 여름 아테네 여행을 가서 그리스의 개들을 직접 보았다. 대부분은 집 없는 개들이었다. 기억해 보니 반려견이었단 생각은 없다. 그리스는 여름이 지독히도 무더운데, 대부분 올리브 나무 그늘 아래 더위를 피해 추욱 늘어져 있었다. 갈비뼈가 인상적이었다. 한없이 게을러 보였다. 잠깐 들른 바이런이 죽었다는 기념비 근처에도 엎드린 늙은 개와 말라버린 개똥이 이곳저곳 눈에 띄었다. 더위 때문이었을까. 온몸에 힘이 빠졌다. 쓸쓸한 풍경이었다.

그리스 문학에서 개를 다룬 작품으로 크세노폰의 《개와 함께 사냥하는 법Kynēgetikos》이란 책이 있다. 크세노폰이 추천하는 "부르기 좋고 간결한" 개 이름들은 요즘 사용해도 손색없다. 기쁨이, 도움이, 태풍이, 불꽃이, 똘똘이, 하늘이, 꽃망울이, 튼튼이, 활짝이, 번개, 돌 이외에도 색깔에서 영감받은 하양이, 까망이 같은 이름들도 기록에 남아 있다.

그리스 문학 최초의 충견은 단연 《오디세이아》에 나오는 아르고스(즉 '번쩍이')다. 번쩍이의 주인 오디세우스는 10년의 트로이 전쟁을 마치고 다시 10년을 더 방황하다가 고향 이타카로 돌아오는데, 자신의 아내를 탐내는 (108명의) 구혼자들을 염탐하기 위해 거지로 분장하고 집안에 잠입해 들어온다. 유명한 장면이다. 죽은 줄 알았던 오디세우스라고 누구도 짐작조차 못했지만, 이제 노견이 된 아르고스만이 옛 주인을 바로 알아본다. 일어날 힘도 없어진 개는 귀를 내리고 꼬리를 흔든다. 옛주인임을 밝히지 못하는 오디세우스는 눈물을 훔치며 늙은 개를 모르는 체한다. 20년 만에 주인을 다시 만난 충견 아르고스는 주인과의 재회 직후 그 자리에서 숨을 거둔다.

인도, 아일랜드 서사시에도 충견 모티브는 자주 등장한다. 인도 서사시 《마하바라타》의 유디슈티라 왕도 무척 개를 사랑했다. 그가 죽어 천국에 들어서려는 순간 개를 동반할 수 없다는 말에 "차라리 지상으로 돌아가거나 지옥에 가겠다"며 떼를 쓴다. 사랑한다면 이처럼 해야지 않을까 싶다.

우리는 개를 얕잡아 본다. 그리스에서도 '암캐'나 '개 얼굴한 놈'은 욕이다. 개에 대한 사랑과 멸시는 늘 함께했다. 윤회를 믿었던 수학자 피타고라스는 어느 날 마을 사람이 개를 패는 걸 막으며 개의 울부짖음에서 죽은 친구의 목소리를 들었다고 했다.

개의 울부짖는 모습을 떠올리다 보니 문득, 채찍을 맞는 말을 껴안고 울다가 미쳐버린 니체가 생각난다.

2019.8.2.

다시 두 남자 이야기

벤저민 디즈레일리(1804~1881)와 윌리엄 글래드스턴(1809~1898).

우리에게 익숙치 않은 이 두 남자는 영국의 수상을 지낸 인물들이다. 오랜 앙숙으로 더 잘 알려져 있다. 글래드스턴은 옥스퍼드대학교 출신의 진지하고 지적인 사내였다. 디즈레일리는 유대인, 곧 이방인이었고 화려한 옷을 즐겨 입고 소설가를 꿈꾸던 남자였다.

일화 하나. 윈스턴 처칠의 어머니 제니 제롬(1854~1921)이 어느 날 이 두 남자와 저녁을 함께 했다.

"글래드스턴 씨 옆에 앉으니, 그가 영국에서 가장 지적인 남자라 생각되더군요. 잠시 후 디즈레일리 씨 옆에 앉으니, 내가 영국에서 가장 지적인 여자가 된 느낌이었어요."

두 남자의 차이를 이보다 더 명확히 꼬집긴 어려워 보인다.

1852년 천둥 번개가 치던 밤, 재무장관이었던 디즈레일리는 야심 찬 예산안을 하원에 제출하며 웨스트민스터 사원에서 재치 있는 연설로 의원들의 마음을 사로잡았다. 기립박수를 받으며 그가 제자리를 찾을 즈음 글래드스턴이 앞으로 나섰다.

그는 더 현란한 웅변가였다. 예산안은 산산조각 났다. 디즈레일리는 재무장관 자리에서 물러나고 후임자로 글래드스턴이 지명됐다. 두 남자의 싸움이 공개적으로 시작된 순간이었다.

다소 유치할 때도 있었다. 1859년 디즈레일리는 지인을 통해 글래드스턴이 코르푸섬의 고등판무관 직책을 맡도록 유혹했다. 글래드스턴의 지중해에 대한 로망을 노린 것이다(글래드스턴은 틈틈이 호메로스를 번역하고 공부하던 그리스 로마 고전 애호가였다). 고등판무관으로 임명되는 즉시 의석을 잃는다는 것을 글래드스턴은 뒤늦게 깨달아야 했다. 얼마나 약이 올랐을까.

이 둘의 다툼에 따라 영국의 정세가 들썩이고 바뀌었다.

1866년 글래드스턴은 선거권을 넓힐 요량으로 선거법 개정안을 제안한다. 디스레일리는 필사적으로 방어한다. 디스레일리의 다음 행동은 파렴치하고도 영리하기 짝이 없었다. 1867년, 디스레일리와 보수당은 글래드스턴이 제시한 것보다 더 진보적인 선거 개정법을 고안해서는 통과시킨다. 이제 선거권은 노동자들에게까지 확대되었다. 보수당이었던 디스레일리는 노동자와 서민의 영웅으로 올라섰다.

그가 개혁의 바람을 의식한 걸까. 아님 타협 없는 보수주의나 진보주의는 융통성이 없다고 생각한 걸까. 그것도 아님 정권에만 욕심 둔 것이었을까. 여하튼 정치적인 '신의 한 수'였다.

디스레일리와 글래드스턴은 영국에서 최고의 총리들로 기억된다(디스레일리는 두 번, 글래드스턴은 네 번 수상을 지냈다). 먼 섬나라 얘기지만, 그들은 영국 의회 민주주의의 황금기를 주도한 사람들으로서 오랫동안 기억되고 있고, 민주주의 사회를 표방한다면 한번쯤, 반드시 공부해야 할 인물들이다.

'다툼'이라 하기엔 수준이 높았다. 산업혁명 와중 빈곤에 시달리던 영국인들을 위한 개혁으로 대영제국의 국제적인 지위를 확고히 한 두 남자다. 서로에게 허점을 보이지 않기 위해 끊임없이 민심에 귀 기울인 점이 같았고, 철저히 국익을 보호한다는 입장도 다르지 않았다.

스위스 학자 야코프 부르크하르트(1818~1897)는 고대 그리스 문명이 이룬 성공의 원인을 경쟁(그리스어로는 아곤*agon*) 문화로 봤다. 몇몇 역사학자들도 유럽의 발전 이유를 바로 이웃한 나라와의 치열한 경쟁으로 꼽는다. 건강한 경쟁을 말하다 보니 윈스턴 처칠이 젊은 시절 우러러보았다던 정치인들을 회상하며 한 말이 떠오른다.

"총알이 늘 장전되어 있는, 인정사정없는 결투판이었지만, 그것은 서로 반듯한 격식을 갖춘 정중함과 상호 존중에 기반을 두었었다."

글래드스턴의 멋진 서재는 지금도 잘 보존되어 있다. 그가 많은 시간을 머물고 사색했을 그 은밀한 공간에 글래드스턴을 내려다보는 인물이 하나 있다. 바로 평생의 경쟁자이자 적이었던 디즈레일리의 흉상이다.

2020.1.31.

엑소도스*EXODOS*

그리스 비극의 마지막 장면은 언제나 코러스(합창단)의 몫이다. 관객에게 마지막으로 멋진 말을 던지거나, 미래를 조심하며 예고하는 이 대목을 엑소도스, 즉 '나가는 길'이라고 한다.

그리스 비극이 끝나면, 동굴을 기어나오는 느낌이다.

언젠가는 '작고 알려지지 않은' 고대 철학자들 얘기도 쓰고 싶다. 2000년 전 3000년 전 얘기인데도 유머가 있고, 질투와 시기가 있고, 장난기가 가득하고, 가난하고, 사랑이 있어 더욱 와닿는 이들 말이다.

플라톤과 아리스토텔레스는 들어봤지만, 테베의 마트리스는 들어봤는가? 《고대철학자사전Dictionnaire des Philosophes Antiques》을 보면 마트리스에 대해 이렇게 말한다. '마트리스는 찬미작가이며, 물을 마셨던 사람*buveur d'eau*'이라고. 수천 년 후에 물을 마셨던 사람으로 기록되려면 물을 얼마나 마셔야 할까?

고대 그리스의 철학자들은 무수히 많았다. 그들 중 (플라톤같이) 많은 기록이 남겨진 철학자는 손에 꼽힌다. 대부분은 가여울 정도로 이름만 남아 있다. 교실에 책상은 많이 두었지만, 학생은 고작 한 명밖에 없었다며 조롱당한 안티파트로스. 거위 한 마리가 어디든 따라다니며 '짝사랑'했다는 라키데스, 또 그 사실을 전달하는 것으로만 알려진 사모스의 헤르미아스. 텃밭의 양배추에 와인으로 '물'을 주었다던 쾌락주의 철학자 아리스톡세노스.

미소를 짓게 하는 이야기다. 벌어진 시간의 거리를 잠시 잊게 해주는 얼굴들이다.

내 불운은 어디서 오는 것일까

제1판 1쇄 인쇄 2024년 2월 12일
제1판 1쇄 발행 2024년 2월 19일

지은이 김현집
펴낸이 나영광
펴낸곳 크레타
출판등록 제2020-000064호
책임편집 정고은
편집 김영미
영업기획 박미애
디자인 정승현

주소 경기도 고양시 덕양구 청초로 66 덕은리버워크 B동 1405호
전자우편 creta0521@naver.com
전화 02-338-1849
팩스 02-6280-1849
포스트 post.naver.com/creta0521
인스타그램 @creta0521
ISBN 979-11-92742-24-3 03100

책값은 뒤표지에 있습니다.
잘못 만들어진 책은 구입하신 서점에서 바꿔드립니다.